先生は教えてくれない！

クレヨンしんちゃんの自分でもできるお片づけ

キャラクター原作
臼井儀人
まんが
高田ミレイ

双葉社

お父《とう》さん、お母《かあ》さんへ

お子《こ》さんといっしょに楽《たの》しんでください。

本書《ほんしょ》は、小学生《しょうがくせい》や小学校《しょうがっこう》に上《あ》がる前《まえ》の児童《じどう》を対象《たいしょう》に、いま身《み》につけておきたい大切《たいせつ》な事柄《ことがら》を、クレヨンしんちゃんのまんがを通《とお》して学《まな》んでいくものです。学校《がっこう》の先生《せんせい》も教《おし》えてくれない、もちろん教科《きょうか》書《しょ》にも載《の》っていないことを、このまんがを読《よ》むことで自然《しぜん》に習得《しゅうとく》していきます。

今回《こんかい》のテーマは「お片《かた》づけ」。

大人《おとな》になっても片《かた》づけは頭《あたま》のいたい普遍的《ふへんてき》なテーマです。はじめはスッキリしていた部屋《へや》も長《なが》く住《す》むことで物《もの》が多《おお》くなり、気《き》づけば棚《たな》に置《お》ききらず、床《ゆか》の上《うえ》が収納場所《しゅうのうばしょ》になっていることも多《おお》いかもしれません。

なぜ片《かた》づけが必要《ひつよう》なのか――。きれいになれば気持《きも》ちが良《よ》いだけでなく、安全《あんぜん》のためにも大事《だいじ》なことです。

ただ「片《かた》づけなさい！」と言《い》っても、子《こ》どもはそれをどう片《かた》づけたらよいのかがわかりません。本書《ほんしょ》は、片《かた》づけのコツを楽《たの》しみながら学《まな》べるよう工夫《くふう》をしています。

片《かた》づけることで「自信《じしん》がつく」、捨《す》てる捨《す》てない、要《い》る要《い》らないなど判断《はんだん》するための「決断力《けつだんりょく》を養《やしな》う」、物《もの》に対《たい》して「責任《せきにん》が持《も》てるようになる」「全体《ぜんたい》を把握《はあく》する能力《のうりょく》が培《つちか》われる」など、お子《こ》さんへの教育《きょういく》に欠《か》かせない項目《こうもく》が「お片《かた》づけ」には含《ふく》まれています。

このクレヨンしんちゃんのまんがを親子《おやこ》で楽《たの》しみながら読《よ》んで、お子《こ》さんといっしょに片《かた》づけをはじめてみませんか。

紹介《しょうかい》

野原一家《のはらいっか》

野原《のはら》しんのすけ

「クレヨンしんちゃん」の主人公《しゅじんこう》。マイペースで怖《こわ》いもの知《し》らずの5歳児《さいじ》。家族《かぞく》といっしょに埼《さい》玉県春日部市《たまけんかすかべし》に暮《く》らしている。

野原《のはら》ひろし

しんのすけのパパ。
双葉商事《ふたばしょうじ》に通《かよ》うサラリーマン。
家族《かぞく》のためにいつも一生懸命《いっしょうけんめい》な野原家《のはらけ》の大黒柱《だいこくばしら》。

野原《のはら》みさえ

しんのすけのママ。持《も》ち前《まえ》のガッツで子《こ》育《そだ》てと家事《かじ》をがんばるお母《かあ》さん。じつは片《かた》づけはちょっぴり苦手《にがて》。

野原《のはら》ひまわり

しんのすけの妹《いもうと》。
まだおしゃべりはできないけど、赤《あか》ちゃん言葉《ことば》でせいいっぱい自己主張《じこしゅちょう》するよ。

シロ

野原家《のはらけ》の愛犬《あいけん》。
綿菓子《わたがし》のように丸《まる》くなる「わたあめ」など芸《げい》もいろいろできる、とてもかしこい犬《いぬ》。

しんちゃんのお友《とも》だち

しんちゃんと同《おな》じアクション幼稚園《ようちえん》ひまわり組《ぐみ》に通《かよ》うお友《とも》だち。

マサオくん

小心者《しょうしんもの》で、ちょっぴり泣《な》き虫《むし》。まんが家《か》になる夢《ゆめ》を持《も》ち続《つづ》けるという努力家《どりょくか》の一面《いちめん》も。お片《かた》づけが得意《とくい》。

ネネちゃん

うわさ話《ばなし》とおままごと遊《あそ》びが大好《だいす》きな女《おんな》の子《こ》。でも本当《ほんとう》は正義感《せいぎかん》が強《つよ》く、度胸《どきょう》もある親分《おやぶん》タイプ。

カザマくん

頼《たよ》りになる優等生《ゆうとうせい》タイプだけど、じつは甘《あま》えっ子《こ》でママが大好《だいす》き。隠《かく》しているけど、少女《しょうじょ》アニメのファン。

あいちゃん

お金持《かねも》ちの酢乙女《すおとめ》家《け》のおじょうさま。男子《だんし》の気持《きも》ちをつかむのがうまい。ネネちゃんと対立《たいりつ》することも。

ボーちゃん

口数《くちかず》は少《すく》ないけど、たまに深《ふか》いひと言《こと》をつぶやく存在感《そんざいかん》のあるお友《とも》だち。珍《めずら》しい石《いし》を集《あつ》めるのが趣味《しゅみ》。

もくじ

お父《とう》さん、お母《かあ》さんへ ―― 2

キャラクター紹介《しょうかい》 ―― 4

片《かた》づける気《き》になるゾ！

1 なんでお片《かた》づけするの？ もしオラが片《かた》づけをしなかったら ―― 10

2 片《かた》づけは「安全《あんぜん》」のためにやっておく責任《せきにん》がある ―― 14

3 自分《じぶん》でやる気《き》にならないと、片《かた》づけはできない ―― 16

4 片《かた》づけると、いいことがいっぱい起《お》こる！ ―― 18

全部《ぜんぶ》出《だ》して分《わ》けてみよう

5 自分《じぶん》の持《も》ち物《もの》を全部《ぜんぶ》出《だ》してみよう ―― 20

6 ふでばこの片《かた》づけかた ―― 22

7 使《つか》っている物《もの》、使《つか》っていない物《もの》で分《わ》けよう ―― 24

8 学校《がっこう》の物《もの》とそれ以外《いがい》の物《もの》に分《わ》けよう ―― 28

9 ガラクタじゃないよ、ボクのコレクション！ ―― 30

10 着《き》ない服《ふく》と、着《き》たくない服《ふく》は、引《ひ》き出《だ》しから取《と》り除《のぞ》こう ―― 32

置《お》き場所《ばしょ》を決《き》めよう

11 見《み》た目《め》じゃないよ、わかりやすく片《かた》づけよう ―― 34

12 机《つくえ》の引《ひ》き出《だ》し、どう使《つか》う？ —— 36
13 物《もの》の置《お》き場《ば》所《しょ》にラベルを貼《は》ってみよう —— 38
14 ランドセルの置《お》き場《ば》所《しょ》を作《つく》ろう —— 40
15 プリントがランドセルの中《なか》でぐちゃぐちゃにならないようにする —— 42
16 本《ほん》は、立《た》てて本《ほん》だなに入《い》れよう —— 46
17 カドをそろえてまっすぐ置《お》いてみる —— 48
18 リビングに自《じ》分《ぶん》のコーナーを作《つく》ってもらおう —— 50
コラム やってみれば～ お片《かた》づけ実践編《じっせんへん》 —— 52

片《かた》づけ体質《たいしつ》になろう

19 開《あ》けた引《ひ》き出《だ》しはきちんと閉《し》めよう —— 56
20 落《お》とした物《もの》は、すぐ拾《ひろ》おう。床《ゆか》に物《もの》を置《お》かないようにしよう —— 58
21 手順《てじゅん》を決《き》めておこう —— 60
22 片《かた》づけで体《からだ》をきたえるゾ！ —— 64
23 片《かた》づけのテーマソングを決《き》めよう —— 66
24 机《つくえ》の上《うえ》だけはいつも片《かた》づけておこう —— 68

捨《す》てる方法《ほうほう》

25 自分《じぶん》のゴミは、自分《じぶん》でゴミ箱《ばこ》に捨《す》てよう ―― 70
26 ゴミは、今《いま》、すぐに、捨《す》てよう ―― 72
27 ベタベタの菓子《かし》パンやアイスの袋《ふくろ》ちゃんと捨《す》てられる？ ―― 74
28 テストや宿題《しゅくだい》プリントの紙《かみ》、どうやって片《かた》づける？ ―― 76
29 使《つか》わない物《もの》は、どうしたらいい？ ―― 78
30 ぼろぼろのタオル、かわいそうで捨《す》てられない!? ―― 82
31 どうしても捨《す》てられない物《もの》の箱《はこ》 ―― 84
32 不要《ふよう》な物《もの》はリサイクルしてみよう ―― 86
33 ゴミの「分別《ぶんべつ》」のことを知《し》ろう ―― 88

物《もの》を大事《だいじ》にしよう

34 買《か》う前《まえ》にちょっと待《ま》って！ それ、ほんとに必要《ひつよう》？ ―― 90
35 ふでばこは、長《なが》く、大事《だいじ》に使《つか》おう ―― 92
36 グローブやトレーニングシューズの手入《てい》れをしよう ―― 94
37 自分《じぶん》で物《もの》を修理《しゅうり》してみよう ―― 96
38 今《いま》、ある物《もの》で工夫《くふう》しよう ―― 98

39 今《いま》のスペースで最高《さいこう》の部屋《へや》にしよう ― 102

片《かた》づけ上級編《じょうきゅうへん》

40 くつをそろえると、いいことあるゾ ― 104
41 「ごちそうさま」の後《あと》は食器《しょっき》を下《さ》げよう ― 106
42 脱《ぬ》いだ服《ふく》をたためることは、カッコイイ! ― 108
43 持《も》ち物《もの》のチェック表《ひょう》を作《つく》ってみよう ― 110
44 遠足《えんそく》や合宿《がっしゅく》の「したくの達人《たつじん》」になろう! ― 112

片《かた》づけでパワーアップ

45 ピカピカに磨《みが》いてみよう ― 114
46 紙《かみ》に書《か》き出《だ》してみて、心《こころ》のお片《かた》づけ ― 118
47 片《かた》づけに点数《てんすう》はない、人《ひと》と比《くら》べないこと ― 120
48 遊《あそ》ぶときはいっぱい広《ひろ》げて遊《あそ》ぼう ― 122
49 誰《だれ》かのために、片《かた》づけてみよう ― 124
50 片《かた》づけで「やりきる力《ちから》」を身《み》につける ― 126

なんでお片《かた》づけするの？ もしオラが片《かた》づけをしなかったら

「片《かた》づけなさい！」とお母《かあ》さん。

でもあとでまた遊《あそ》ぶつもりなんだ、そのまま置《お》いておけば、そのほうが便《べん》利《り》だよ！　と思《おも》うかもしれない。

でも、あとで散《ち》らかっているおもちゃを見《み》てどうかな。なんだかもう遊《あそ》びたくなくなった、ということはない？　どこに置《お》いたのか忘《わす》れて、探《さが》し回《まわ》らなかったかな？

物《もの》は、使《つか》い終《お》わったら、片《かた》づけよう。

そうしないと、気持《きも》ちよく次《つぎ》のことに取《と》りかかれない。

次《つぎ》のために、今《いま》、ほんのちょっとだけ動《うご》いて、片《かた》づけておこう。

それだけで「さあ、やろう！」とやる気《き》が出《で》るようになる。

自分《じぶん》が次《つぎ》に進《すす》むために、今《いま》までのことを片《かた》づけて、ちゃんと「終《お》わり」にしておこう。

それが、お片《かた》づけなんだ。

お片《かた》づけするゾ

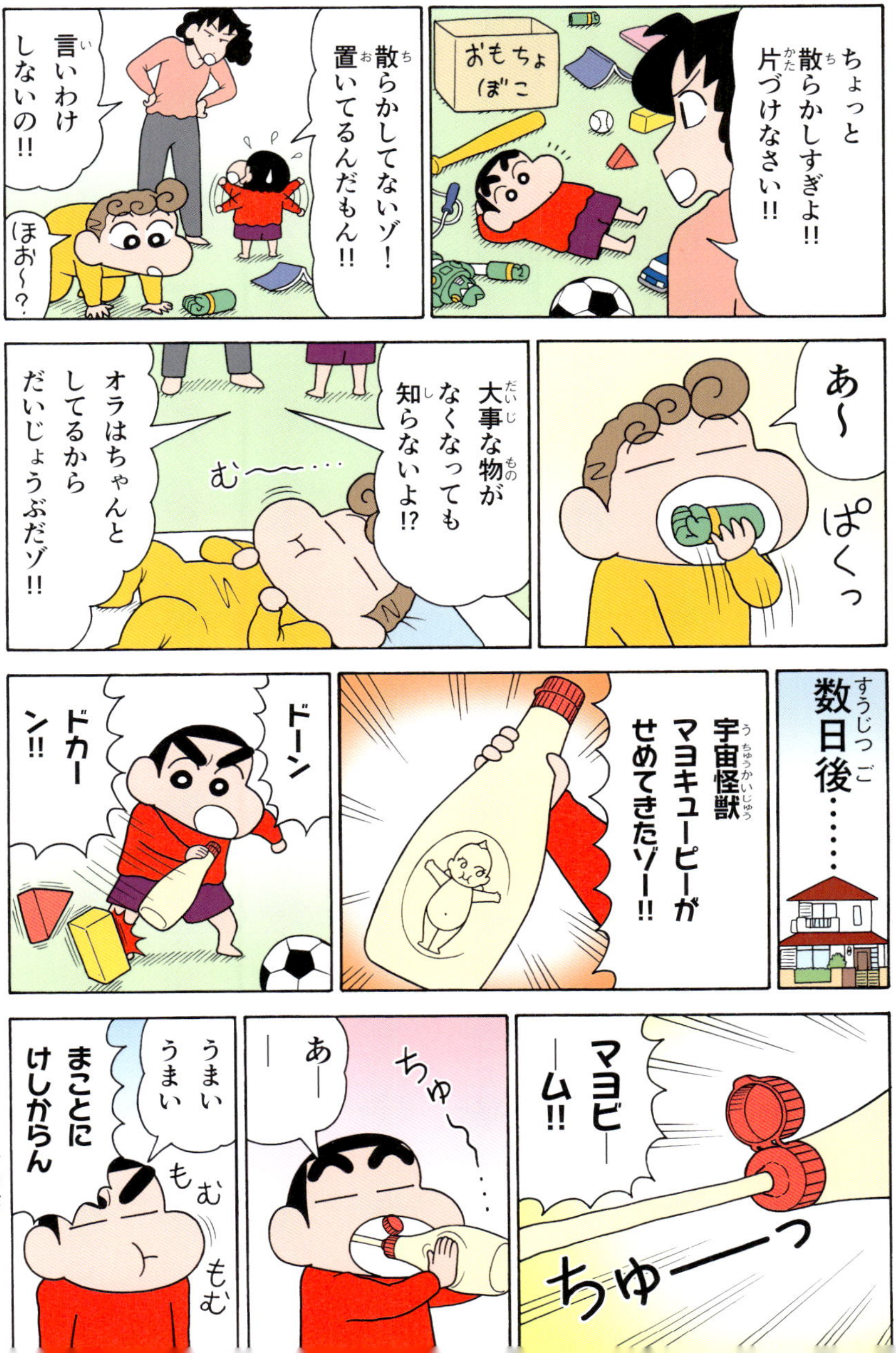

←つづく

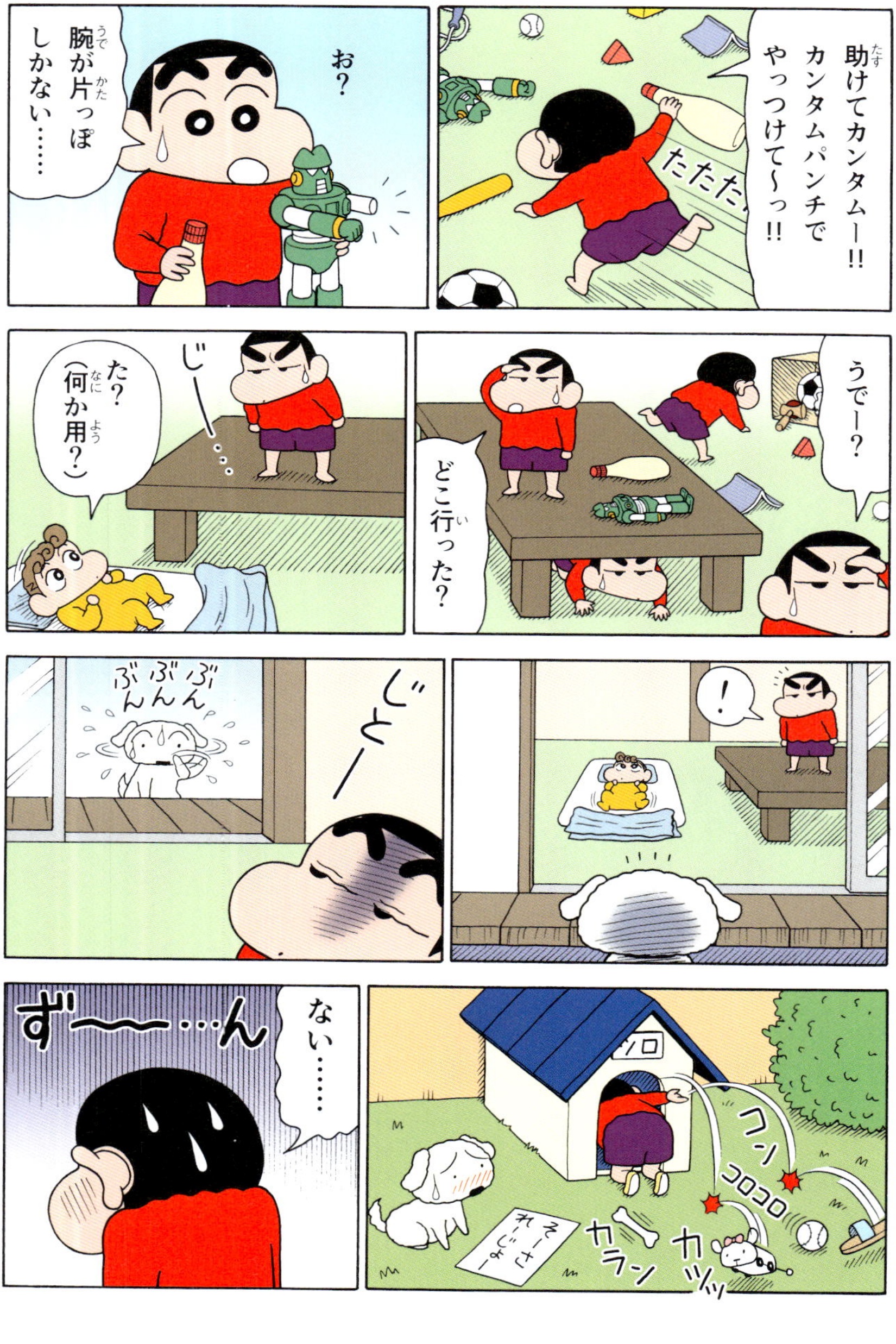

助《たす》けてカンタムー!! カンタムパンチでやっつけて〜っ!!
たたたっ
お?
腕《うで》が片《かた》っぽしかない……
うでー?
どこ行《い》った?
じー…
た?(何《なに》か用《よう》?)
!
ぶんぶんぶん
じとー
シロ
コン
コロコロ
カツッ
カラン
そーさくれーじょー
ない……
ず〜〜…ん

まいっか！忘《わす》れよっと
がしっ
コラコラ!! 待《ま》たんかい!!
「ちゃんとしてるからだいじょうぶ」じゃなかったの？
そんなこと言《い》ったっけ？
いい機会《きかい》だからお片《かた》づけしなさい
カンタムの腕《うで》も見《み》つかるかもよ？
うへ〜い
せっせ
せっせ
せっせ
おもちょぼこ
30分後《ぷんご》
やっぱない…どっか行《い》っちゃったぁ…
ちゃんとしまっとかないからよ
おもちょぼこ
ん？ ひま何《なに》くわえてんの？
んばぁ
うで
かくしかくし
みさえのネックレス
母《かあ》ちゃんもちゃんとしまっとかなきゃね
う〜何《なに》も言《い》えねぇ…

片《かた》づけは「安全《あんぜん》」のためにやっておく責任《せきにん》がある

「片《かた》づけなくたって平気《へいき》、じゃまじゃないよ、ぼくはちゃんとよけて歩《ある》けるよ」。ダメダメ、それは大《おお》まちがい！

物《もの》を散《ち》らかしておいたままにしたら、誰《だれ》かがふんで大事《だいじ》な物《もの》が壊《こわ》れてしまったり、ケガをしたりすることがある。

荷物《にもつ》が積《つ》み重《かさ》なってホコリやカビがたまれば、病気《びょうき》になることもある。

大《おお》きな地震《じしん》や火事《かじ》が起《お》こったときも、部屋《へや》が片《かた》づいていないと、とても危険《きけん》なんだ。

片《かた》づけをきちんとしておくことで、物《もの》を壊《こわ》したり、人《ひと》がケガをしたりする事故《じこ》を防《ふせ》ぐことができる。

だから、工場《こうじょう》や工事現場《こうじげんば》などでは、「安全第一《あんぜんだいいち》」「整理整《せいりせい》とん」をモットーにしているんだよ。

片《かた》づけは、自分《じぶん》のためだけじゃなく、周《まわ》りの人《ひと》の安全《あんぜん》のために、やっておかなくちゃいけないことでもあるんだ。

ビー玉《だま》のゆくえ

片《かた》づけておこう

3 自分《じぶん》でやる気《き》にならないと片《かた》づけはできない

人間《にんげん》って、「慣《な》れる」能力《のうりょく》があるから、自分《じぶん》の部屋《へや》が散《ち》らかっていることにはなかなか気《き》づけない。

だから、誰《だれ》かに怒《おこ》られたって、片《かた》づけようとも思《おも》わない。

片《かた》づける気《き》にならないなら、きれい好《ず》きの友《とも》だちの部屋《へや》を見《み》せてもらおう。

きれいな部屋《へや》だなぁ、こんな部屋《へや》ですごしたいなぁ、と思《おも》えたら、急《きゅう》に自《じ》分《ぶん》の部屋《へや》が散《ち》らかっていることに気《き》がつく。自然《しぜん》に、自分《じぶん》もすてきな部屋《へや》にしたい！　と思《おも》えてくるよ。

本《ほん》やインターネットで、すてきな部《へ》屋《や》の写真《しゃしん》を探《さが》してみてもいい。

そうなんだ。片《かた》づけで一番大事《いちばんだいじ》なことは、自分《じぶん》で「これは片《かた》づけないとまずい！」と気《き》がつくこと。そうなったときが片《かた》づけの大《だい》チャンス！

気持《きも》ちが高《たか》ぶってきたら、すぐに、自分《じぶん》の部屋《へや》の片《かた》づけにとりかかろう。

そっちじゃないよ

効果《こうか》てきめん

片《かた》づけると いいことがいっぱい起《お》こる！

片《かた》づけをして、部屋《へや》がきれいになったことを想像《そうぞう》してみよう。

机《つくえ》の上《うえ》には何《なに》もない。窓《まど》からは気持《きも》ちのいい風《かぜ》が吹《ふ》いてくる。さあ、何《なに》をしようかな！　という気《き》持《も》ちになるよね。

片《かた》づけた達成感《たっせいかん》は、大《おお》きな自信《じしん》になる。そして、「さぁ、やろう！」と次《つぎ》のことを始《はじ》める元気《げんき》のもとになる。

だから、部屋《へや》を片《かた》づけると、今《いま》までなかなか始《はじ》められなかったことができるようになるんだ。

勉強《べんきょう》ができるようになりたい。かっこよくなりたい。夢《ゆめ》があるなら、部屋《へや》を片《かた》づけることから始《はじ》めてみよう。

部屋《へや》がきれいになると、自分《じぶん》が気持《きも》ちいいし、家族《かぞく》みんなのきげんもよくなる。お父《とう》さん、お母《かあ》さんへのお願《ねが》いごとがあるときも、部屋《へや》を片《かた》づけることで説得《せっとく》できることがあるよ。

うれしいこと

もったいない

5 自分《じぶん》の持《も》ち物《もの》を全部出《ぜんぶだ》してみよう

引《ひ》き出《だ》しやたなの中《なか》がぐちゃぐちゃ。そんなときは、思《おも》いきって中《なか》の物《もの》を全部出《ぜんぶだ》してみよう。そして、目《め》の前《まえ》に広《ひろ》げて、本当《ほんとう》に必《ひつ》要《よう》な物《もの》だけを引《ひ》き出《だ》しやたなに戻《もど》してみよう。

いらない物《もの》は捨《す》てよう。使《つか》うか使《つか》わないかわからない物《もの》は、箱《はこ》に入《い》れて別《べつ》の場所《ばしょ》にしまっておこう。

これが、片《かた》づけの基本《きほん》なんだ。

全部出《ぜんぶだ》して目《め》の前《まえ》に広《ひろ》げてみると、自分《じぶん》が何《なに》を持《も》っているかはっきりわかる。一度《いちど》に全部出《ぜんぶだ》したらたいへんなことになるから、今日《きょう》は引《ひ》き出《だ》しひとつとか、小《ちい》さなスペースに限定《げんてい》して片《かた》づけるようにしよう。

小《ちい》さい引《ひ》き出《だ》しひとつでも、きれいになったら「やった！」と、うれしくなる。どんどん他《ほか》の場所《ばしょ》も片《かた》づける元《げん》気《き》が出《で》てくるよ。

いらない物《もの》

母《かあ》ちゃんのおかげ

ふでばこの片《かた》づけかた

どこから片《かた》づけたらいいかわからないときは、自分《じぶん》が一番《いちばん》よく使《つか》う、ふでばこから始《はじ》めてみよう。

まずは、ふでばこの中身《なかみ》を全部《ぜんぶ》、机《つくえ》の上《うえ》に出《だ》そう。

ゴミ箱《ばこ》の上《うえ》でひっくり返《かえ》して消《け》しゴムかすなどのゴミを払《はら》おう。汚《よご》れていたら、台所《だいどころ》の洗剤《せんざい》などを少《すこ》しつけて、ティッシュや布《ぬの》でふいて汚《よご》れを取《と》ろう。

えんぴつは、何本《なんぼん》も入《はい》っていたら、5本《ほん》くらいに絞《しぼ》ろう。

小《ちい》さく減《へ》ってしまった消《け》しゴムや、書《か》けなくなったマーカーは取《と》り出《だ》して、ゴミ箱《ばこ》に捨《す》てよう。

捨《す》てられない物《もの》があったら、どこかにしまっておこう。校庭《こうてい》で拾《ひろ》った石《いし》や、小《ちい》さな紙切《かみき》れなどの小《ちい》さな宝物《たからもの》も、机《つくえ》の引《ひ》き出《だ》しに入《い》れておく。

さあ、ふでばこがきれいになった。宿題《しゅくだい》も少《すこ》しやる気《き》になったよね。

えんぴつしんちゃん①

～もしもしんのすけが小学生《しょうがくせい》だったら～

使《つか》っている物《もの》 使《つか》っていない物《もの》で分《わ》けよう

片《かた》づけでいちばん最初《さいしょ》にやることは、不要《ふよう》な物《もの》を処分《しょぶん》すること。

でも、「いる」「いらない」で分《わ》けるのはむずかしい。**物《もの》は、「使《つか》っている物《もの》」か「使《つか》っていない物《もの》」で分《わ》けてみよう。**

物《もの》を全部《ぜんぶ》出《だ》して広《ひろ》げて、使《つか》っている物《もの》だけを、たなや引《ひ》き出《だ》しに戻《もど》そう。

「使《つか》っていない物《もの》」がいっぱい残《のこ》ったら、その中《なか》で、捨《す》ててもいい物《もの》と、捨《す》てたくない物《もの》に分《わ》けよう。捨《す》てたくない物《もの》は、全部段《ぜんぶだん》ボール箱《ばこ》などに入《い》れて、とりあえず保管《ほかん》しておこう。

これで、身《み》の回《まわ》りの物《もの》は、全部《ぜんぶ》「必《ひつ》要《よう》な物《もの》」だけになったかな？

最初《さいしょ》はむずかしいけど、**「これ使《つか》っているかな？」と考《かんが》えて**分《わ》けているうちに、自然《しぜん》に判断力《はんだんりょく》がついてくるよ。

使《つか》わない物《もの》を買《か》わないようになるし、使《つか》う物《もの》を大事《だいじ》にすることができるようになるんだ。

使《つか》ってない物《もの》

←つづく

おまえは まず「しばらく遊《あそ》びに使《つか》ってない物《もの》」を分《わ》けてみろ
ほう ほう
で「使《つか》ってない物《もの》」の中《なか》から「本当《ほんとう》に捨《す》ててもいい物《もの》」を選《えら》ぶんだ
わかった
これ使《つか》ってる… これ使《つか》ってない…
おれはとりあえず もう何年《なんねん》も読《よ》んでない本《ほん》や 見《み》てないDVD《ディーブイディー》は捨《す》てるか…
これ途中《とちゅう》まで読《よ》んだけど…もう いいかな捨《す》てても…
ソテーの世界《せかい》
ヨウズミデスタイ・ゴミデル
あっこの本《ほん》 よしなが先生《せんせい》も読《よ》んでた! 若《わか》い女性《じょせい》に人気《にんき》だって
…
マジで?
係長《かかりちょう》もこれ読《よ》んでるんですか?
まあね
わー センス いい~♡
好《す》きになっちゃいそう♡
ちゃ ほや
ちゃ ほや
やっぱ読《よ》も
ポン
保存《ほぞん》…と

うーん…しばらく遊《あそ》んでないし…捨《す》てるか
もったいない！それ父《とう》ちゃんに貸《か》せ
え？
改造《かいぞう》して水鉄砲《みずでっぽう》にしてやるよ！
おおーっカッコイイ!! 作《つく》って作《つく》って!!
じゃ これは保存《ほぞん》…と
トン
「使《つか》ってないけどいる物《もの》」……けっこうあるな
同《おな》じく
二階《にかい》ならまだ置《お》けるかも…ちょっと移《うつ》そうぜ
うんしょ うんしょ
この押入《おしい》れに…
ガラ…
どさささっ
ダイエット食品《しょくひん》やら健康器具《けんこうきぐ》やら…これ全部使《ぜんぶつか》ってねぇだろ処分《しょぶん》しろよ!!
デブダメン C
ダイエット サプリ ヤセマスチン
うるさいわね!! そっちこそもっと捨《す》てなさいよ!!
そーだ そーだ

学校《がっこう》の物《もの》と それ以外《いがい》の物《もの》に分《わ》けよう

使《つか》っている物《もの》を選《えら》ぶことができたら、次《つぎ》は分類《ぶんるい》していこう。いつ、どういうときに自分《じぶん》が使《つか》うかを想像《そうぞう》しながら分《ぶん》類《るい》してみよう。

最初《さいしょ》は、学校《がっこう》で使《つか》う物《もの》、習《なら》い事《ごと》で使《つか》う物《もの》、それ以外《いがい》の物《もの》の3つに分《わ》けてみよう。

学校《がっこう》で使《つか》う物《もの》を、最優先《さいゆうせん》で置《お》こう。

教科書《きょうかしょ》やランドセル、手《て》さげなど、学校《がっこう》の物《もの》は、すべて机《つくえ》に置《お》こう。机《つくえ》がない場合《ばあい》も、一《いっ》カ所《しょ》に集《あつ》めて、学校《がっこう》コーナーを作《つく》っておこう。

机《つくえ》にゲームカードやシール帳《ちょう》を置《お》いてもいいけど、**学校《がっこう》の物《もの》と混《ま》ざらないように**気《き》をつける。忘《わす》れ物《もの》、なくし物《もの》を減《へ》らすために一番大事《いちばんだいじ》なことだよ。

塾《じゅく》の勉強道具《べんきょうどうぐ》や、ピアノなどのレッスンに使《つか》う物《もの》も、習《なら》い事専用《ごとせんよう》のバッグといっしょに置《お》いて、学校《がっこう》の物《もの》と混《ま》ざらないようにしよう。

えんぴつしんちゃん②
~もしもしんのすけが小学生《しょうがくせい》だったら~

9 ガラクタじゃないよ ボクのコレクション！

他《ほか》の人《ひと》にとってはゴミやガラクタに見《み》えても、自分《じぶん》にとっては大切《たいせつ》な宝物《たからもの》。めずらしい形《かたち》の石《いし》だったり、好《す》きなアイドルの切《き》り抜《ぬ》きだったり。

でも、宝物《たからもの》も、あちこちに散《ち》らかしておいたら意味《いみ》がない。お母《かあ》さんがまちがって捨《す》ててしまうかも。でもどこかにしまいこんでしまったら、つまらない。

宝物《たからもの》は同《おな》じ場所《ばしょ》に集《あつ》めよう。そして、いつでも**取《と》り出《だ》して楽《たの》しめるように工《く》夫《ふう》して整理《せいり》しよう。**そうすると、すてきなコレクションになる。

きれいなボタンは色別《いろべつ》に空《あ》きびんに。アイドルの切《き》り抜《ぬ》きは、スクラップブックに貼《は》りつける。

元気《げんき》がなくなったときは、大事《だいじ》なコレクションを取《と》り出《だ》して、整理《せいり》しなおしたりしてみよう。いやなこともみんな忘《わす》れてしまうよ。

大切《たいせつ》な物《もの》

ひまわりコレクション

10

着《き》ない服《ふく》と、着《き》たくない服《ふく》は引《ひ》き出《だ》しから取《と》り除《のぞ》こう

引《ひ》き出《だ》しがいっぱいなのに、着《き》る服《ふく》がない！　そんなときは、買《か》い物《もの》に行《い》く前《まえ》にたんすを片《かた》づけよう！

最近《さいきん》着《き》ていなかった服《ふく》を着《き》てみよう。小《ちい》さくて着《き》られなくなってしまった服《ふく》がいっぱいあるはず。きゅうくつで動《うご》きにくい服《ふく》もよけておこう。

片方《かたほう》だけのくつ下《した》や、古《ふる》くなってこしまった下着《したぎ》は処分《しょぶん》。

いとこにもらったけど、気《き》に入《い》らなくて一度《いちど》も着《き》なかった服《ふく》も、たんすから出《だ》そう。

着《き》られない服《ふく》や着《き》たくない服《ふく》を持《も》っていてもしょうがないんだ。

今日着《きょうき》る服《ふく》、明日着《あしたき》る服《ふく》、予備《よび》の服《ふく》。3日分《かぶん》の気《き》に入《はい》った服《ふく》の組《く》み合《あ》わせを決《き》めておくといいよ。

3日分《かぶん》の組《く》み合《あ》わせができなくなってしまったら、家《いえ》の人《ひと》に相談《そうだん》して新《あたら》しい服《ふく》を買《か》ってもらおう。

やっぱりいらない

遊《あそ》びに行《い》ってき…
待《ま》って!! ズボンは!?
だって水色《みずいろ》のズボンはきたかったのにないんだもん
そんなわけないでしょ!! よく探《さが》したの?
うわ～! グチャグチャね…
ひとまず全部《ぜんぶ》出《だ》すわよ!
5分後《ふんご》
ほら あった!!
やっとかよ～ 遅《おそ》いゾ 母《かあ》ちゃん
↖つづく
ちょっと タンスを整理《せいり》します
いらない物《もの》は処分《しょぶん》するよ!
ほーい
↖つづき
片《かた》っぽしかないくつ下《した》はいいね?
ミツグとコージとマサルはダメ!!
あ!!
…名前《なまえ》つけてんの?
オラ大事《だいじ》にしてるんだもん!!
アクション仮面《かめん》くつ下《した》買《か》って来《き》たんだけど
おおっ!! ラッキー♪
ポイ

11 見《み》た目《め》じゃないよ わかりやすく片《かた》づけよう

片《かた》づけは、見《み》た目《め》より、わかりやすく、取《と》り出《だ》しやすくしまう工夫《くふう》が大切《たいせつ》。スッキリ見《み》えるからといって、物《もの》をしまいこむと、見《み》た目《め》はきれいだけど、使《つか》うときも片《かた》づけるときも、手間《てま》がよけいにかかってしまう。

毎日何度《まいにちなんど》も使《つか》う物《もの》は、手《て》をのばして3秒《びょう》で取《と》れる場所《ばしょ》に置《お》こう。

えんぴつけずりなら、机《つくえ》の上《うえ》。いつも使《つか》うはさみと名前《なまえ》を書《か》くマーカーは、机《つくえ》の上《うえ》のペン立《た》てに。

毎日使《まいにちつか》わない色《いろ》えんぴつは、引《ひ》き出《だ》しの中《なか》にしまっておく。たまに必要《ひつよう》になる、新《あたら》しい予備《よび》のえんぴつは引《ひ》き出《だ》しの奥《おく》に。

こんなふうに、使《つか》う頻度《ひんど》で分《わ》けて、毎日使《まいにちつか》う物《もの》はできるだけ手《て》にしやすい、わかりやすい位置《いち》にしまおう。

見《み》た目《め》より「便利《べんり》さ」を考《かんが》えて片《かた》づけると、片《かた》づいた状態《じょうたい》が長続《ながつづ》きするよ。

どこにしまった？

分《わ》けたけど

12

机《つくえ》の引《ひ》き出《だ》し どう使《つか》う？

毎日《まいにち》学校《がっこう》で使《つか》う教科書《きょうかしょ》やノートは、机《つくえ》の上《うえ》に倒《たお》れないように仕切《しき》りを作《つく》って、きちんと立《た》てておこう。

えんぴつけずりを置《お》いて、筆記用具《ひっきようぐ》の準備《じゅんび》もしやすくしよう。時間割《じかんわ》りは見《み》やすい位置《いち》に貼《は》っておこう。

右上《みぎうえ》の引《ひ》き出《だ》しなど、自分《じぶん》が一番使《いちばんつか》いやすい引《ひ》き出《だ》しには、筆記用具《ひっきようぐ》や、コンパス、のりなど、学校《がっこう》に持《も》って行《い》く文房具《ぶんぼうぐ》をしまおう。

正面《しょうめん》の薄《うす》い引《ひ》き出《だ》しは、意外《いがい》と開《あ》けづらいもの。この場所《ばしょ》には、カードやシール帳《ちょう》、勉強以外《べんきょういがい》のこまごました物《もの》を入《い》れるといいよ。

机《つくえ》の下《した》には、大《おお》き目《め》の箱《はこ》などを置《お》いて、絵《え》の具《ぐ》や書道《しょどう》の道具《どうぐ》、なわとびなど、学校《がっこう》で使《つか》う道具《どうぐ》を置《お》くスペースを作《つく》っておこう。

学校《がっこう》に持《も》って行《い》く道具《どうぐ》が、さっと出《だ》せるようになるよ。

ひみつの引《ひ》き出《だ》し

わかりやすく入《い》れる

13 物《もの》の置《お》き場所《ばしょ》にラベルを貼《は》ってみよう

片《かた》づけても、すぐぐちゃぐちゃになるのは、きちんと置《お》き場所《ばしょ》を決《き》めていないから。

物《もの》の置《お》き場所《ばしょ》を決《き》めよう。そして、決《き》めた場所《ばしょ》にラベルを貼《は》ってみよう。

引《ひ》き出《だ》し全部《ぜんぶ》を「筆記用具《ひっきようぐ》」と決《き》めておくのもいいけど、さらに、手前《てまえ》には「えんぴつ、消《け》しゴム」、奥《おく》の右《みぎ》には「じょうぎ、コンパス」などとくわしく決《き》めておく。そしてラベルを書《か》いて貼《は》っておく。「この場所《ばしょ》にしまうぞ！」という覚悟《かくご》になるんだ。

決《き》めたけど、「やっぱり使《つか》いづらかった」。そんなときは、位置《いち》を変《か》えて、ラベルも貼《は》りかえよう。マスキングテープや、はがせるタイプのラベルを使《つか》うといいよ。

片《かた》づけには「試行錯誤《しこうさくご》」が欠《か》かせない。ラベルを使《つか》って、とにかくまずは1回《かい》「決《き》めてみる」ことから始《はじ》めよう。

中身《なかみ》がわからない

物《もの》の名前《なまえ》

ランドセルの置《お》き場《ば》所《しょ》を作《つく》ろう

ランドセルを置《お》く決《き》まった場所《ばしょ》がないと、家族《かぞく》がつまずいたりして危険《きけん》だし、忘《わす》れ物《もの》も多《おお》くなる。

決《き》まった場所《ばしょ》があっても、置《お》きにくい場所《ばしょ》だったら意味《いみ》がない。家《いえ》の人《ひと》に相談《そうだん》して、ランドセルを置《お》く場所《ばしょ》を決《き》めなおそう。

大《おお》き目《め》のかごや、段《だん》ボール箱《ばこ》の上《うえ》をランドセルの定位置《ていいち》にして置《お》いておくのでもじゅうぶん。

学習机《がくしゅうづくえ》や教科書《きょうかしょ》を入《い》れているたなのとなりに、きみのランドセルコーナーを作《つく》っておこう。

どうしても帰《かえ》ってきてすぐ遊《あそ》びに行《い》きたい場合《ばあい》は、家《いえ》の人《ひと》と相談《そうだん》して、玄《げん》関《かん》のすみに遊《あそ》びから帰《かえ》ってくるまで一《いち》時的《じてき》に置《お》く場所《ばしょ》を決《き》めておこう。

投《な》げ出《だ》さないで、きちんと置《お》こう！ 遊《あそ》びから帰《かえ》ってきたら、決《き》まった場《ば》所《しょ》に戻《もど》そうね。

えんぴつしんちゃん③ 〜もしもしんのすけが小学生《しょうがくせい》だったら〜

15 プリントがランドセルの中《なか》でぐちゃぐちゃにならないようにする

学校《がっこう》からのおたより、お母《かあ》さんに出《だ》すのを忘《わす》れて怒《おこ》られたことはない?ランドセルの奥《おく》に、くしゃくしゃに丸《まる》まったおたよりが入《はい》っていないかな。プリントは、渡《わた》されたときに折《お》ってからしまおう。

プリントされたほうが見《み》えるように折《お》るといいよ。折《お》ったままでなんのプリントかわかる。

身体検査《しんたいけんさ》の書類《しょるい》や通知表《つうちひょう》など、折《お》ってはいけないものもあるけれど、ほとんどのプリントは折《お》ってもだいじょうぶ。ひらひらした紙《かみ》は、折《お》って初《はじ》めて「お手紙《てがみ》」の形《かたち》になるんだ。

折《お》ったプリントは、学校指定《がっこうしてい》のおたより入《い》れなど決《き》まったファイルがあればそれにしまおう。

ファイルに入《い》れるのが面倒《めんどう》なら、ランドセルのポケットに定位置《ていいち》を作《つく》って、必《かなら》ずそこに入《い》れるようにしよう。

えんぴつしんちゃん④ 〜もしもしんのすけが小学生《しょうがくせい》だったら〜

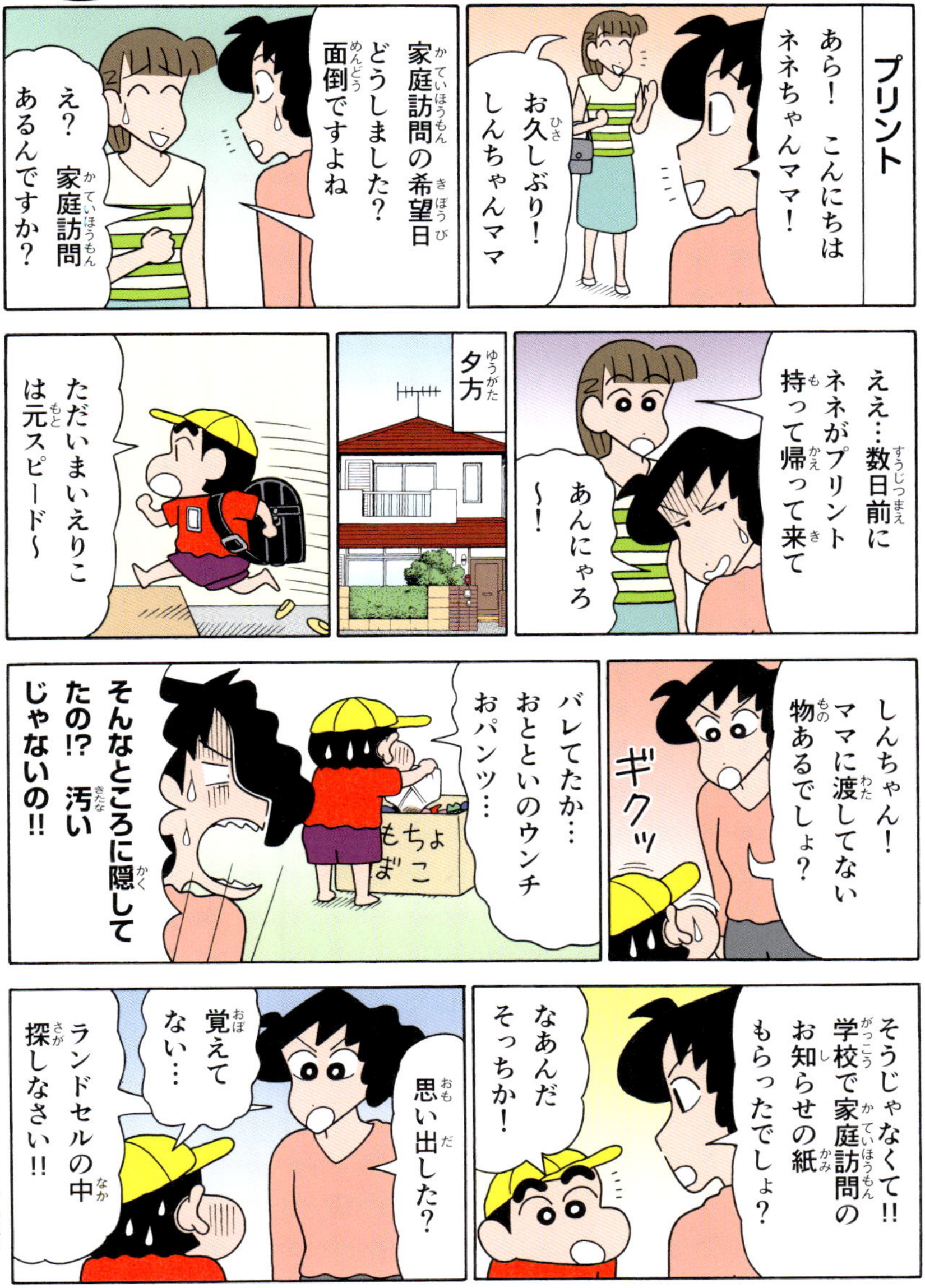

←つづく

ザザ〜〜ッ
あっ!! あったゾ
プリントっぽい物《もの》が!!!
グチャグチャ… 破《やぶ》れてるし
家庭訪問のおしらせ
おお! こっちは宿題《しゅくだい》だ!
宝《たから》の地図《ちず》みたいでワクワクしない?
するかっ!!
プルルルルル…
あら電話《でんわ》……
マサオくんよ
ほい!
もしもし しんちゃん 宿題《しゅくだい》のプリント持《も》って帰《かえ》った?
プリント? 持《も》って帰《かえ》ったゾ
よかったー!! ボク学校《がっこう》に置《お》いてきちゃって……
だらしないなぁ〜 マサオくん
……

悪《わる》いけど内容《ないよう》教《おし》えてくれる?
うんちょっと待《ま》ってて
コト
んと…なんて読《よ》むんだこれ? 「町《まち》? を歩《ある》い…てひょう…しき…を三《みっ》つ…いや五《いつ》つか? さ…がし…ましょう」と…
ずいぶん読《よ》みにくいプリントなんだね…
ありがと! 助《たす》かったよ
プリント忘《わす》れたらまたオラに聞《き》きなよ!
ワッハッハッ
そんなグチャグチャのプリントでいばるな!!
今度《こんど》プリントをもらったらキレイな状態《じょうたい》で持《も》って帰《かえ》ること!
ほーい
数日後《すうじつご》……
母《かあ》ちゃんただいまい えりこはフリンしちゃダメよー
ハイハイおかえりー
ほい おたより
?
たこ!?
行《い》ってきまんもすー

本《ほん》は、立《た》てて本《ほん》だなに入《い》れよう

本《ほん》は床《ゆか》に置《お》かないようにしよう。本《ほん》を床《ゆか》に置《お》いたままにして平気《へいき》なのは、片《かた》づけの危険信号《きけんしんごう》。本《ほん》は、本《ほん》だなに立《た》ててしまうのが原則《げんそく》だよ。

教科書《きょうかしょ》を入《い》れるたなも小《ちい》さな本《ほん》だな。勉強中《べんきょうちゅう》の本《ほん》は積《つ》んでおいてもいいけど、違《ちが》う勉強《べんきょう》をするときには、前《まえ》に勉強《べんきょう》していた本《ほん》は立《た》ててしまおう。

教科書《きょうかしょ》やノートは、大《おお》きさが違《ちが》っても、同《おな》じ教科《きょうか》のものでそろえて入《い》れよう。本《ほん》は、本《ほん》の大《おお》きさではなく、種類《しゅるい》別《べつ》に分《わ》けるのがおすすめ。そのほうが時間割《じかんわ》りもしやすいよ。

趣味《しゅみ》の本《ほん》も種類別《しゅるいべつ》に整理《せいり》すると、虫《むし》の本《ほん》が多《おお》いとか、料理《りょうり》の本《ほん》がいっぱいあるとか、自分《じぶん》が今何《いまなに》が好《す》きで、何《なに》に興味《きょうみ》を持《も》っているかがわかってくる。

図書館《としょかん》から借《か》りた本《ほん》は、別《べつ》に置《お》き場《ば》所《しょ》を作《つく》って、自分《じぶん》の本《ほん》といっしょに入《い》れないようにしよう。

えんぴつしんちゃん⑤ ～もしもしんのすけが小学生《しょうがくせい》だったら～

17 カドをそろえて まっすぐ置《お》いてみる

使《つか》う物《もの》をすぐ使《つか》えるように出《だ》しておくのなら、きちんと出《だ》しておこう。きちんとそろえて重《かさ》ねる。机《つくえ》の上《うえ》にまっすぐに置《お》く。きちんと置《お》くだけで、とてもすっきりする。

スポーツ選手《せんしゅ》やレストランのシェフたちが道具《どうぐ》を置《お》くときのようすを見《み》てごらん。大事《だいじ》そうに、まっすぐそろえて置《お》いているよ。

道具《どうぐ》をまっすぐそろえて置《お》くと、自《じ》分《ぶん》の気持《きも》ちもきちんと整《ととの》うものなんだ。

お店《みせ》の商品《しょうひん》は、まっすぐにたなに置《お》かれ、きれいに一列《いちれつ》に並《なら》んでいる。もしそれがごちゃごちゃに置《お》かれていたらほしくならないと思《おも》わない？

自分《じぶん》の持《も》ち物《もの》も、きちんとそろえて並《なら》べ直《なお》してみよう。それだけですてきな物《もの》に見《み》えるし、何《なに》を持《も》っていたのかよくわかって、うまく活用《かつよう》できるようになるよ。

マサオくんの儀式《ぎしき》

はしの並《なら》べ方《かた》

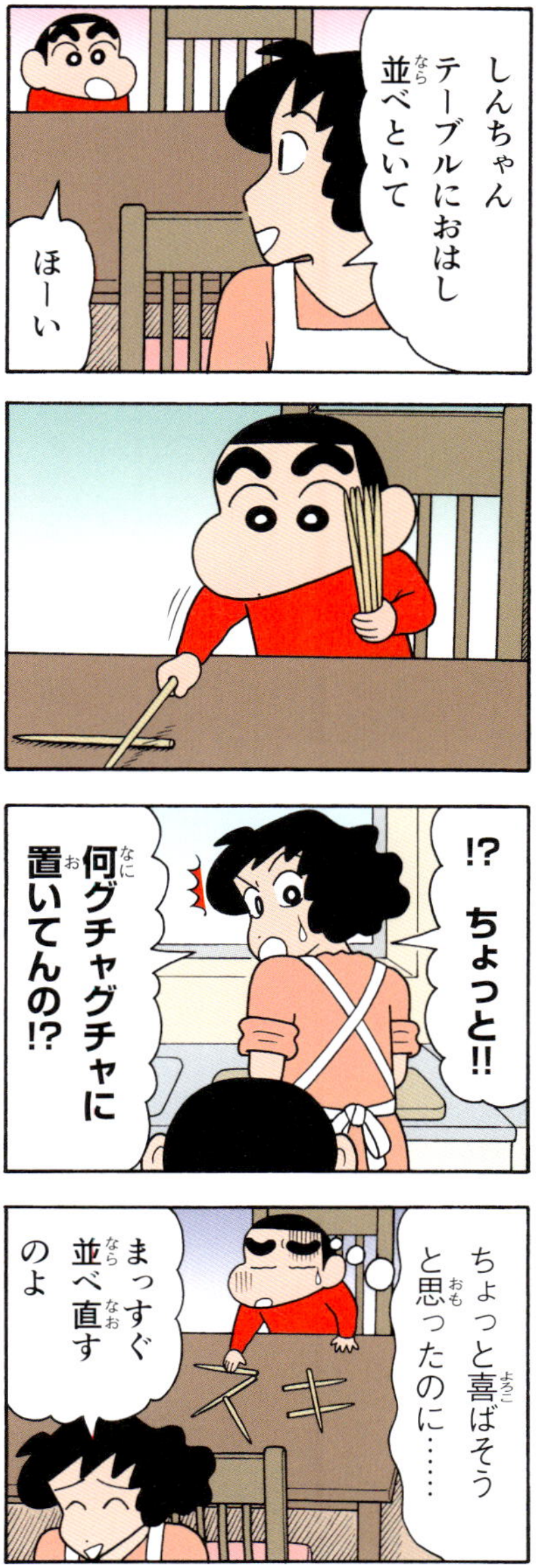

18 リビングに自分《じぶん》のコーナーを作《つく》ってもらおう

自分《じぶん》の部屋《へや》があっても、そこが寝《ね》るだけの場所《ばしょ》だったりすること、よくあるよね。

宿題《しゅくだい》も読書《どくしょ》も、おもちゃで遊《あそ》ぶのもリビングで。だから、まんがやおもちゃがリビングに置《お》きっぱなしで、いつも怒《おこ》られてしまう。

それなら、お母《かあ》さんにお願《ねが》いして、リビングに自分《じぶん》のコーナーをひとつだけ作《つく》ってもらおう。

たなひとつ分《ぶん》。あるいは箱《はこ》などを用《よう》意《い》して、その中《なか》に入《はい》る分《ぶん》だけは、リビングに置《お》いていいことにしてもらおう。

ただし、ひとつ約束《やくそく》！　中《なか》の物《もの》は入《い》れっぱなしにしないで、できるだけこまめに自分《じぶん》の部屋《へや》に戻《もど》すこと。

いつも「自分《じぶん》のコーナー」に入《はい》っている物《もの》が、自分《じぶん》がよく使《つか》うお気《き》に入《い》りの物《もの》だということが、はっきりわかってくるよ。

母《はは》と子《こ》の戦《たたか》い

ひろしコーナー

しんちゃんタイプ

やってみれば〜

お片《かた》づけ

-実践編《じっせんへん》-

リビングのおもちゃ箱《ばこ》を片《かた》づけよう!

自分《じぶん》のお気《き》に入《い》りの物《もの》を入《い》れておく箱《はこ》を、リビングに作《つく》ろう。ただし、中《なか》の物《もの》を全部《ぜんぶ》出《だ》して、ひんぱんに中身《なかみ》を確認《かくにん》すること。洋服《ようふく》や本《ほん》など、あわてて入《い》れてしまった物《もの》も、こまめに正《ただ》しい場所《ばしょ》に戻《もど》すこと。この箱《ばこ》は、いつも使《つか》っている一番大事《いちばんだいじ》な物《もの》だけにしておこう。

DVD《ディーブイディー》はテレビのたなにしまおう。

マンガや本《ほん》はおもちゃ箱《ばこ》に入《い》れずに本《ほん》だなにしまおう。

カードゲームなどはケースなどに入《い》れてひとまとめにしておもちゃ箱《ばこ》に。

捨《す》てる物《もの》

初《はじ》めてむいた記《き》念《ねん》のリンゴの皮《かわ》や折《お》り紙《がみ》の作品《さくひん》、空《あ》き箱《ばこ》など。

もう使《つか》わないけど捨《す》てられない物《もの》

箱《はこ》にしまって押《おし》入《い》れなどにしまっておこう。

お母《かあ》さんに借《か》りていた物《もの》は元《もと》の場所《ばしょ》に戻《もど》そう。

カザマくんタイプ

学習机《がくしゅうづくえ》を整理《せいり》しよう！

学習机《がくしゅうづくえ》には、学校《がっこう》のものを最優先《さいゆうせん》で置《お》こう。勉強《べんきょう》が終《お》わったら、すぐに、えんぴつやノートをしまうことがきれいを保《たも》つコツだよ。なんだか勉強《べんきょう》する気《き》にならないというときには、時間《じかん》をとって机《つくえ》の整理《せいり》をしてみよう。きれいに片《かた》づいたら、きっとやる気《き》が起《お》きてくるよ。

背《せ》のところにラベルを貼《は》って、何《なん》のノートかを書《か》いておくとわかりやすいよ。

学校《がっこう》からのプリントやおたよりはファイルに入《い》れて持《も》ち帰《かえ》ろう。

毎日使《まいにちつか》う筆記用《ひっきよう》具《ぐ》やはさみなどは、一番開《いちばんあ》けやすい引《ひ》き出《だ》しに入《い》れよう。

大事《だいじ》なひみつの宝物《たからもの》は、特別《とくべつ》に引《ひ》き出《だ》しにしまっておこう。

引《ひ》き出《だ》しひとつを、終《お》わったプリントやテストを入《い》れる場所《ばしょ》にしておくと便利《べんり》だよ。

二番目《にばんめ》に開《あ》けやすい引《ひ》き出《だ》しには、ときどき使《つか》う色《いろ》えんぴつや、新《あたら》しい予備《よび》のえんぴつなどを入《い》れておこう。

自分《じぶん》の書《か》いた絵《え》やもらった手紙《てがみ》を入《い》れるケースを本《ほん》だなに立《た》ててもいい。

マサオくんタイプ

本《ほん》だなを片《かた》づけよう！

マンガや本《ほん》、図鑑《ずかん》が大好《だいす》きなら、自分《じぶん》の本《ほん》だなを作《つく》ってみよう。大《だい》好《す》きなマンガ、虫《むし》をとったらすぐに調《しら》べたい昆虫図鑑《こんちゅうずかん》などは取《と》りやすい場所《ばしょ》に。読《よ》まない本《ほん》は処分《しょぶん》しよう。本《ほん》だなはぎゅうぎゅうに入《い》れないことが整理《せいり》のコツだよ。

雑誌《ざっし》はかごケースに入《はい》る分《ぶん》だけ、などと決《き》めておくと処分《しょぶん》しやすい。

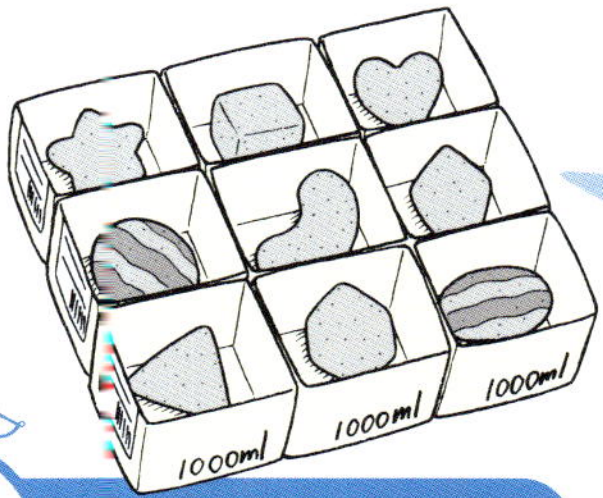

牛乳《ぎゅうにゅう》パックで作《つく》ったケース。利《り》用《よう》できる物《もの》はいろいろあるよ。

100円《えん》ショップのケースに仕切《しき》りを入《い》れて、コレクションケースに。

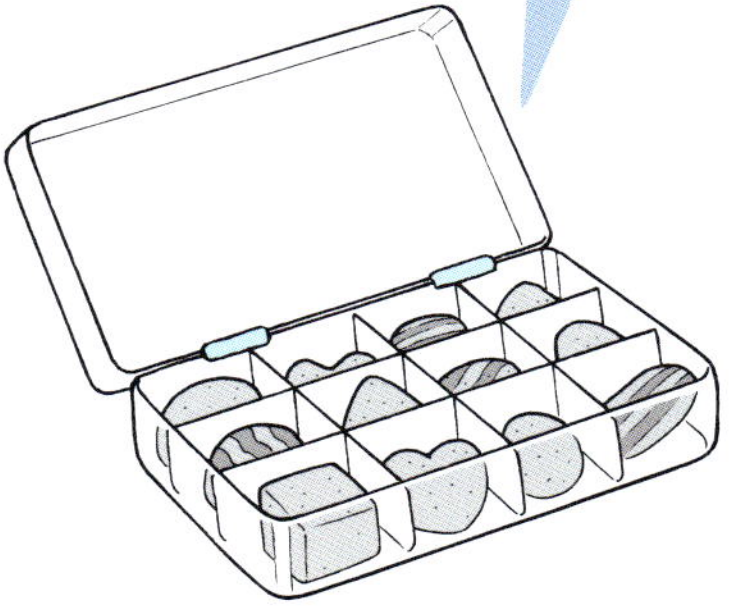

ボーちゃんタイプ

コレクションを整理《せいり》しよう！

ミニカー、お菓子《かし》のおまけ、石《いし》ころなど、集《あつ》めた物《もの》をきれいに分類《ぶんるい》して収納《しゅうのう》してみよう。今持《いまも》っている物《もの》を全部床《ぜんぶゆか》に広《ひろ》げて、何《なに》をどうしまうか計画《けいかく》するのがコツ。最初《さいしょ》は家《いえ》にある空《あ》き箱《ばこ》などを利用《りよう》しようね。

コルクボードにピンをつける。

かごをくっつけて、ヘアブラシや手鏡《てかがみ》をセット。

ネネちゃんタイプ

おしゃれ小物《こもの》セットを収納《しゅうのう》

お気《き》に入《い》りのヘアゴムなどの小物《こもの》は、小《ちい》さなコルクボードを利用《りよう》して「見《み》せる収納《しゅうのう》」にすると便利《べんり》。小《ちい》さな鏡《かがみ》もかけておけば、自分《じぶん》だけのドレッサーに。すてきなおしゃれコーナーのできあがり！

あいちゃんタイプ

憧《あこが》れのクローゼット収納《しゅうのう》

お金持《かねも》ちじゃなくても、身《み》だしなみがきちんとしていれば、あいちゃんふうに品《ひん》よくなれる。洋服《ようふく》は大切《たいせつ》に手入《てい》れして、ハンガーにかけて収納《しゅうのう》しよう。しわになりにくく、きれいに着《き》ることができるよ。

服《ふく》は量《りょう》より質《しつ》で選《えら》ぶ。ぎゅうぎゅうにつめこまない。

たんすに入れる服《ふく》は、ていねいにたたもう。

19 開《あ》けた引《ひ》き出《だ》しはきちんと閉《し》めよう

引《ひ》き出《だ》しを閉《し》めるのは、出《だ》した水道《すいどう》の水《みず》を止《と》めるようなもの。使《つか》った後《あと》のトイレを流《なが》すようなもの。

引《ひ》き出《だ》しはきちんと閉《し》めておくから、便利《べんり》に使《つか》えるものなんだ。

開《あ》けたままだと、他《ほか》の引《ひ》き出《だ》しが使《つか》いにくくなる。すぐ下《した》の引《ひ》き出《だ》しを使《つか》うときは、開《あ》けたままの引《ひ》き出《だ》しは閉《し》めなくちゃならないよね。

開《あ》けっぱなしの引《ひ》き出《だ》しには、つい、物《もの》を置《お》いてしまいがち。一度《いちど》開《ひら》いたままにしてしまった引《ひ》き出《だ》しは、どんどん閉《し》めづらくなってしまうんだ。

それに、危険《きけん》。ぶつかってケガをすることだってある。

引《ひ》き出《だ》しを開《あ》けたままだと、重《おも》みで引《ひ》き出《だ》し自体《じたい》もいたんでくる。いたんでくると、ますます閉《し》めづらくなる。

開《あ》けた引《ひ》き出《だ》しは、用《よう》がすんだら、すぐ閉《し》めよう。

マネしちゃいけないよ

白《しろ》い物《もの》にまぎれた！

落《お》とした物《もの》は、すぐ拾《ひろ》おう 床《ゆか》に物《もの》を置《お》かないようにしよう

落《お》とした消《け》しゴムを拾《ひろ》えることは、見《み》つける頭《あたま》と、体《からだ》を器用《きよう》に使《つか》う能力《のうりょく》とを同時《どうじ》に使《つか》えているということ。これは人間《にんげん》のすごい能力《のうりょく》なんだ。

でも、それが拾《ひろ》いにくい物《もの》だったら？ 疲《つか》れているときだったら？ 面《めん》倒《どう》くさいけど、がんばって拾《ひろ》おう。

床《ゆか》には物《もの》を落《お》としたままにしない。床《ゆか》に物《もの》を落《お》としたままにしてしまうと、次《つぎ》に物《もの》が床《ゆか》に落《お》ちても平気《へいき》になる。いろんな物《もの》を床《ゆか》に置《お》いたままにしてしまうようになる。

落《お》とした物《もの》を拾《ひろ》わないでいることは、汚《よご》れた部屋《へや》への第一歩《だいいっぽ》。

それに、拾《ひろ》う能力《のうりょく》があるのに知《し》らんぷりは自分《じぶん》でも気分《きぶん》がよくないはず。第一《だいいち》、床《ゆか》に物《もの》が落《お》ちたままになっていると、危《あぶ》ないよね。

落《お》ちた物《もの》は、すぐに拾《ひろ》おう。これはお片《かた》づけの大原則《だいげんそく》。

落《お》ちたフタ

赤《あか》ちゃんじゃないゾ

21 手順《てじゅん》を決《き》めておこう

帰《かえ》って来《き》てからのうがいや手洗《てあら》い、毎日怒《まいにちおこ》られていないかな。

帰《かえ》って来《き》てからの片《かた》づけや、出《で》かけるときのしたくなど、やらなくちゃいけないことは、**やる順番《じゅんばん》をしっかり決《き》めておこう。**そして、**毎日順番《まいにちじゅんばん》どおりにやってみよう。**

家《いえ》に帰《かえ》ったらぼうしをフックにかける。おたよりを出《だ》す。決《き》まった場所《ばしょ》にランドセルを置《お》く。洗面所《せんめんじょ》に行《い》ってうがい、手洗《てあら》い。それからおやつ。

面倒《めんどう》だなと思《おも》っても、3日間《かかん》がまん。4日目《かめ》にはラクに行動《こうどう》できるようになる。**10日《か》もすれば慣《な》れてくる。**

やらなければいけないけど面倒《めんどう》なことは、こうして手順《てじゅん》を決《き》めて、いつも同《おな》じ順番《じゅんばん》でやろう。

いつのまにか何《なん》の苦《く》もなくできるようになっていく。そのうち歌《うた》を歌《うた》いながらできるようになるよ。

外《そと》から帰《かえ》ったら

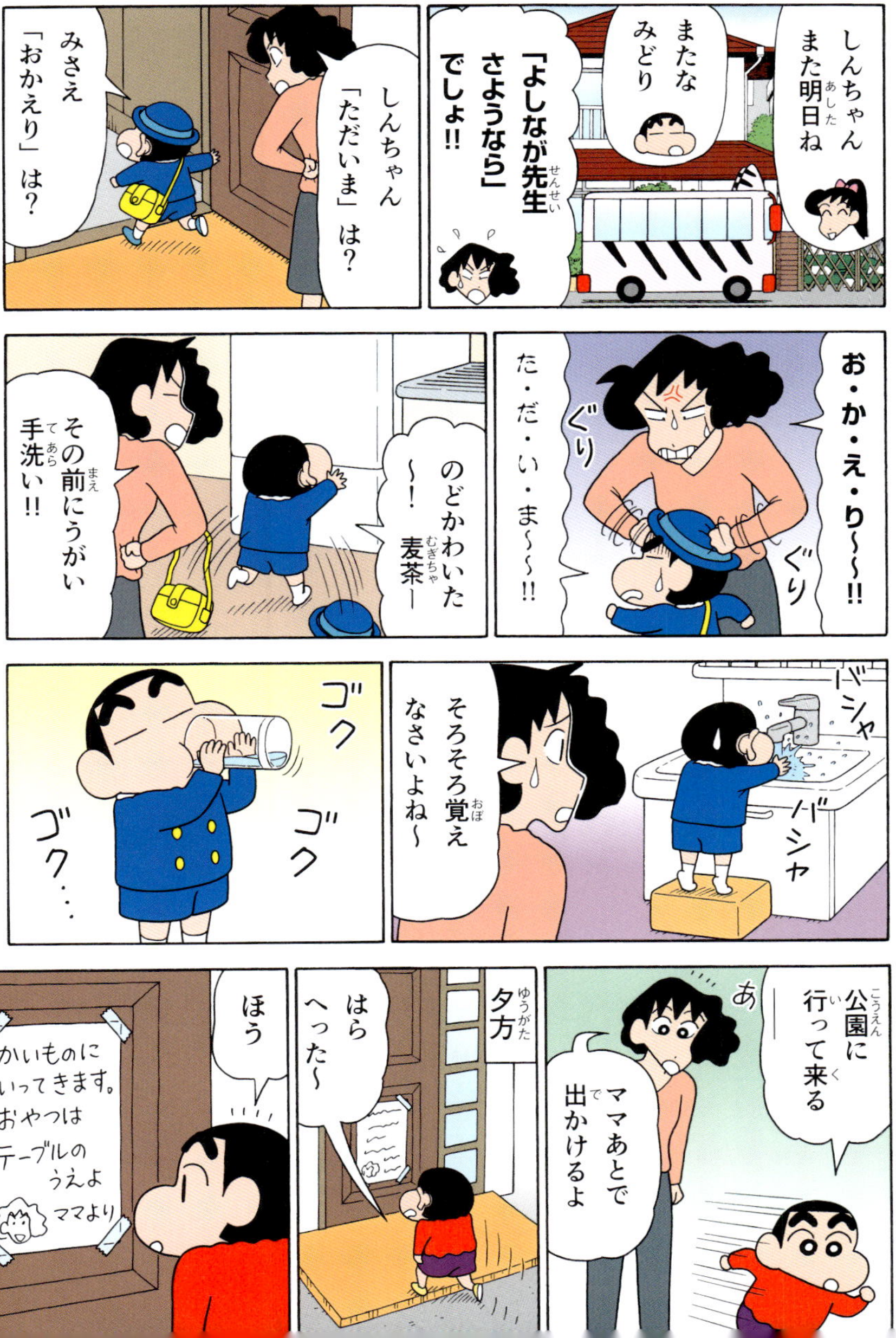

ゆっさ
ゆっさ
チャリン
ガチャ
母《かあ》ちゃーん!!
ケツでかおばさーん!!
確《たし》かにいない
し〜〜…ん
おおっ!!豆大福《まめだいふく》!!
おやつ
うまいうまい
もぐもぐ
ハッ
手《て》え洗《あら》うの忘《わす》れてた…
まいっか!怒《おこ》られないし
その晩《ばん》
しんのすけご飯《はん》よー
うーん…
おなか痛《いた》いからいらない…
う〜ん

どうしたのかしら…
…とりあえず胃腸薬《いちょうやく》
飲《の》んどきなさい
う…
うん…
泥《どろ》だらけの手《て》でモチ
食《た》べたからかも
なんて言《い》えない…
ブロロロ…
おかえり
～
たたた…
何回言《なんかいい》えばわかるの
!? 外《そと》から帰《かえ》ったら
「ただいま」でしょ!!
じゃ
宇宙《うちゅう》から
帰《かえ》ったら
?
地球《ちきゅう》は
青《あお》かった
ひとりで何《なに》
やってんの?
バシャ
バシャ
もうおなか
痛《いた》くなるの
ヤダ…
しんちゃん!
自分《じぶん》から……
じ～ん
ガラガラ
ガラ…
ごっくん
「ペッ」って
はき出《だ》すの!!
おお!
そうだった
しんちゃんの進歩《しんぽ》は
一歩一歩《いっぽいっぽ》

22

片《かた》づけで体《からだ》をきたえるゾ！

物《もの》をもとの場所《ばしょ》に戻《もど》したり、判断《はんだん》してゴミ箱《ばこ》に捨《す》てたり。**体《からだ》と頭《あたま》を同時《どうじ》に使《つか》う片《かた》づけは、運動能力《うんどうのうりょく》をきたえるためにおおいに役《やく》に立《た》つ**んだ。

体育《たいいく》のトレーニングのつもりで、片《かた》づけをしてみよう。

物《もの》を運《はこ》ぶときのしゃがんだり立《た》ったりで、筋力《きんりょく》をきたえることができるし、腕《うで》をのばして物《もの》を取《と》るなど、こまかい動《うご》きで体《からだ》の柔軟性《じゅうなんせい》もアップする。

「よし、体《からだ》をきたえよう」と気合《きあ》いを入《い》れて片《かた》づけを始《はじ》めよう。

ただ、片《かた》づけって、それだけ体力《たいりょく》を使《つか》うことだから、体《からだ》に元気《げんき》がないときはできないものなんだ。

どうしても片《かた》づけようという気持《きも》ちにならない、そんなときは、もしかしたら、かぜをひいているのかもしれない。**元気《げんき》のないときは、片《かた》づけよりも、体《からだ》を休《やす》めるのが先《さき》**だよ。

愛《あい》のためなら

おいしく飲《の》む方法《ほうほう》

片《かた》づけのテーマソングを決《き》めよう

片《かた》づけよう、と頭《あたま》でわかっていても、なかなか体《からだ》が動《うご》かないときもある。そういうとき、自然《しぜん》に体《からだ》が動《うご》くようになる秘策《ひさく》があるよ。きみの、**「おそうじテーマソング」を作《つく》ってみよう！**

公園《こうえん》で遊《あそ》んでいると、『夕焼《ゆうや》け小焼《こや》け』が流《なが》れて、「あっ、おうちに帰《かえ》らなきゃ」と思《おも》うよね。そんなふうに、ごはんの前《まえ》や、おふろの前《まえ》など、片《かた》づけする時間《じかん》になったら、自分《じぶん》のお片《かた》づけテーマソングを歌《うた》おう。

元気《げんき》の出《で》る、テンポの速《はや》い曲《きょく》を選《えら》ぼう。**やる気《き》が出《で》ないときに歌《うた》って、片《かた》づける元気《げんき》を出《だ》す！**

運動会《うんどうかい》のときによく流《なが》す『天国《てんごく》と地《じ》獄《ごく》』はおそうじにピッタリ。AKB《エーケービー》48の『ヘビーローテーション』、星野源《ほしのげん》の『恋《こい》』もテンポがよいよね。

テーマソングが頭《あたま》の中《なか》に流《なが》れるだけで、自動《じどう》お片《かた》づけモードになるよ。

選曲《せんきょく》ミス

ネネちゃんの場合《ばあい》

24

机《つくえ》の上《うえ》だけはいつも片《かた》づけておこう

片《かた》づけが苦手《にがて》なら、これだけをやっておこう。

机《つくえ》の上《うえ》だけは、いつもきれいに片《かた》づけておくこと！

引《ひ》き出《だ》しがぐちゃぐちゃでも、まんががあちこちに散《ち》らかっていても、机《つくえ》の上《うえ》さえきれいなら、「さぁ、やろう！」という気《き》になれる。

そのために、大事《だいじ》なことは、時間割《じかんわ》りをそろえ終《お》わったら、机《つくえ》の上《うえ》に出《で》ている教科書《きょうかしょ》やノートをすぐに立《た》ててしまうこと！

使《つか》い終《お》わったプリント類《るい》は、〝とりあえず入《い》れておく〟引《ひ》き出《だ》しを作《つく》って、その中《なか》にどんどん入《い》れておく。

机《つくえ》の上《うえ》は、ペン立《た》てとえんぴつけずりだけ。どうしても好《す》きな物《もの》をひとつだけ、特別《とくべつ》に置《お》いておくのもいい。

たった一カ所《いっしょ》でもきれいなところがあると、気持《きも》ちが落《お》ち着《つ》くよ。

えんぴつしんちゃん⑥ ～もしもしんのすけが小学生《しょうがくせい》だったら～

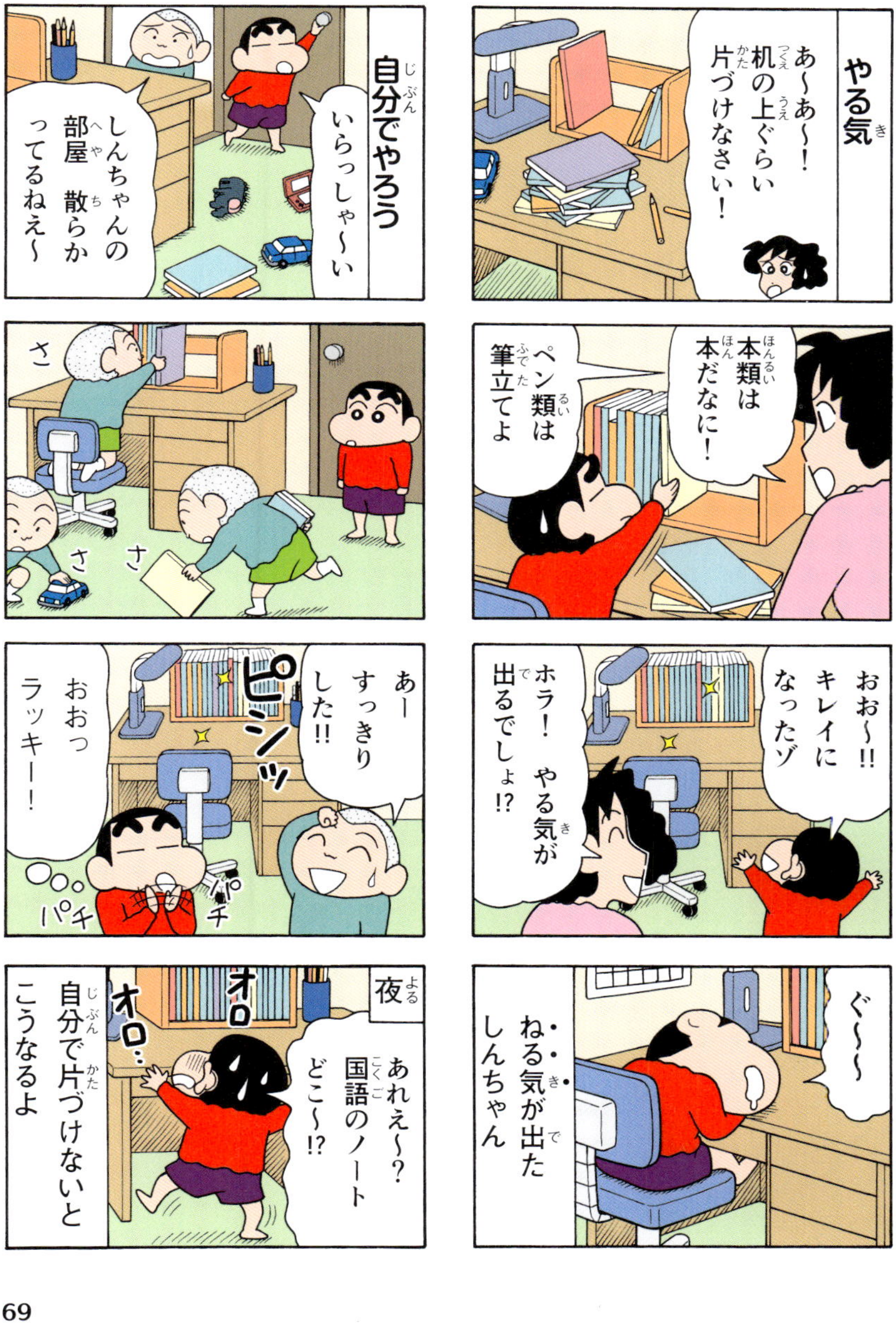

25

自分《じぶん》のゴミは自分《じぶん》で ゴミ箱《ばこ》に捨《す》てよう

自分《じぶん》が鼻《はな》をかんだティッシュは、自《じ》分《ぶん》でゴミ箱《ばこ》に捨《す》てよう。

「あたりまえだよ」ときみは言《い》うかもしれない。でも、きみはいつも自分《じぶん》が出《だ》したゴミを自分《じぶん》で捨《す》てているかな？

自分《じぶん》で捨《す》てることって、じつはけっこうむずかしい。捨《す》てるためには、「これはゴミ」「だから捨《す》てよう」と自分《じぶん》で決断《けつだん》しなくちゃいけないからなんだ。

自分《じぶん》で出《だ》したゴミを置《お》いたままにしている人《ひと》は、それを、「ゴミ」と決《き》めることができないまま、問題《もんだい》を先送《さきおく》りにしているということ。

どこに捨《す》てるかわからないなら、家《いえ》の人《ひと》に捨《す》てる場所《ばしょ》を聞《き》こう。

大事《だいじ》なことは、きみ自身《じしん》が「これは捨《す》てる！」と決《き》めること。

ゴミを捨《す》てることは、自分《じぶん》で判断《はんだん》して、自分《じぶん》で決《き》める練習《れんしゅう》をすることでもあるんだ。

どう見《み》てもゴミ

誰《だれ》のゴミ？

26

ゴミは、今《いま》、すぐに、捨《す》てよう

今《いま》はテレビが見《み》たいし、ゴミ箱《ばこ》まで行《い》くのが面倒《めんどう》。このゴミはあとで捨《す》てよう、そういうことよくあるよね。

でも、ゴミを片《かた》づけなくちゃ、と思《おも》いながらテレビを見《み》ていると、「ゴミを捨《す》てなくちゃ」という気持《きも》ちはずっと続《つづ》いて気《き》が重《おも》い。

そして、不思議《ふしぎ》なことに、ゴミが一《いっ》個《こ》あると、なぜか、ゴミがもっと集《あつ》まってしまうものなんだ。そして、ゴミがいくつもあったら、「もっとたまってから捨《す》てればいいや」になってしまう。

すぐにやれば5秒《びょう》でできたのに、ゴミを集《あつ》めて捨《す》てるのにたくさんの時間《じかん》がかかってしまう。

「あとでまとめてやろう」は、たいへんなんだ！

ゴミは、今《いま》すぐに捨《す》てよう。

捨《す》ててしまえば、気持《きも》ちがスッとラクになる。テレビも楽《たの》しく見《み》られるよ。

ママもがんばろう①

ママもがんばろう②

ベタベタの菓子《かし》パンやアイスの袋《ふくろ》ちゃんと捨《す》てられる？

甘《あま》いパンやアイスを食《た》べた後《あと》のベタベタの袋《ふくろ》、きちんと捨《す》てられるかな？

ベタベタしている食品《しょくひん》の包《つつ》み紙《がみ》やスナック菓子《がし》の袋《ふくろ》などのゴミは、食《た》べたままにせず、捨《す》てる人《ひと》が困《こま》らないようにきちんと始末《しまつ》しよう。

ベタベタしている部分《ぶぶん》を内側《うちがわ》にして、残《のこ》った食《た》べくずが散《ち》らからないように包《つつ》むなどして、小《ちい》さくたたんで捨《す》てるようにしよう。

床《ゆか》や壁《かべ》に食《た》べくずが落《お》ちたりしたら、ベタベタをぞうきんでふきとらなければいけなくなるよね。

自分《じぶん》が食《た》べて出《だ》したゴミはできるだけ小《ちい》さくして、片《かた》づけをする人《ひと》が困《こま》らないようにしよう。かみ終《お》わったガムは、きちんと紙《かみ》に包《つつ》んで捨《す》てなければいけないよね。それと同《おな》じ。

食《た》べた後始末《あとしまつ》はきちんとやる。大事《だいじ》なマナーだよ。

ますます辛口《からくち》に

自《じ》業《ごう》自《じ》得《とく》

28 テストや宿題《しゅくだい》プリントの紙《かみ》どうやって片《かた》づける？

返《かえ》って来《き》たテストの答案《とうあん》や終《お》わった宿題《しゅくだい》プリントどうしてる？

まちがったところの復習《ふくしゅう》が大事《だいじ》！と先生《せんせい》も言《い》っていたし、とっておかなくちゃいけないのかなと気《き》になるよね。

テストやプリントで、まちがっているところはやり直《なお》そう。やり直《なお》したら、捨《す》ててもいいよ。見直《みなお》さなかったら、そのまま捨《す》てたってだいじょうぶ。

先生《せんせい》から「必《かなら》ずとっておいて！」と言《い》われていないなら、処分《しょぶん》していい。

すぐにゴミ箱《ばこ》に捨《す》てられない場合《ばあい》は、引《ひ》き出《だ》しひとつ、箱《はこ》ひとつをプリント入《い》れにしておこう。学期分《がっきぶん》を全部《ぜんぶ》入《い》れておいて、学期《がっき》の勉強《べんきょう》がぜんぶ終《お》わったら、まとめて捨《す》てるといいよ。

受験勉強中《じゅけんべんきょうちゅう》の塾《じゅく》のプリントは、大事《だいじ》な資料《しりょう》がまぎれていることもあるから、ためておいて、受験《じゅけん》が終《お》わってから一《いっ》気《き》に捨《す》てるといいよ。

えんぴつしんちゃん⑦ ～もしもしんのすけが小学生《しょうがくせい》だったら～

使《つか》わない物《もの》はどうしたらいい？

使《つか》わなくなってしまった物《もの》は、勇気《ゆうき》を出《だ》して処分《しょぶん》しよう。

前《まえ》の学年《がくねん》の教科書《きょうかしょ》や、もう使《つか》わないノート類《るい》は、「これまでありがとう」とお礼《れい》を言《い》って、捨《す》てよう。

捨《す》てにくい図工《ずこう》の作品《さくひん》は、写真《しゃしん》を撮《と》ってから処分《しょぶん》すれば、記録《きろく》が残《のこ》る。

人形《にんぎょう》やぬいぐるみは、「人形供養《にんぎょうくよう》」をやっているお寺《てら》や神社《じんじゃ》に持《も》ち込《こ》む方《ほう》法《ほう》もある。家《いえ》の人《ひと》と探《さが》してみよう。


物《もの》を捨《す》てるとき、きみの心《こころ》の中《なか》には「いっぱい遊《あそ》んだ、ありがとう」「買《か》ったのに使《つか》わなかった、もったいなかったな」と、いろんな思《おも》いが浮《う》かぶはず。

ちょっとせつないけど、捨《す》てるときに、自分《じぶん》の気持《きも》ちをしっかり感《かん》じることが大切《たいせつ》。

その体験《たいけん》が、次《つぎ》からもっと上手《じょうず》な買《か》い物《もの》をすること、物《もの》を大切《たいせつ》にする気持《きも》ちにつながっていくんだ。

ネネちゃんのウサギ

←つづく

ネネ！ 公民館《こうみんかん》で人形《にんぎょう》のおわかれ会《かい》があるわよ！
人形《にんぎょう》とのおわかれ会《かい》
○月《がつ》○日《にち》（日《にち》）
カスカベ市《し》
○○公民館《こうみんかん》
何《なに》それ？
「ご家庭《かてい》にある古《ふる》いお人形《にんぎょう》と気持《きも》ちよくさようならを…」 いいじゃない！ これ
そして…
人形《にんぎょう》おわかれ会《かい》会場《かいじょう》
どうぞ あいてる所《ところ》へ並《なら》べてください
あ！ あいちゃん？
ネネちゃんもお人形《にんぎょう》を？
うん… あいちゃんも？
ええ そうよ
へえ…
お金持《かねも》ちでも物《もの》を大事《だいじ》にするんだ…
あの一角《いっかく》が私《わたし》のよ
う…
大《おお》きくて高《たか》そうなのばっかり…

あなたはさっきのウサギのためだけに来《き》たの？ えらいわー
ま…まーね
家《いえ》にはもっといろいろあるんだけど
↑ウソ
ネネお友《とも》だち？
違《ちが》う!!
そっ
ありがとうウサちゃん…ネネのストレスを受《う》けとめてくれて…
次《つぎ》に買《か》うウサギはもっと大事《だいじ》にしようね
ウン
数日後《すうじつご》
ふーん…で新《あたら》しく買《か》いかえたんだ
新《あたら》しいウサギ見《み》せて！
ほらこれ！
いっぱい…？
ズリズリ…
これはケリ専用《せんよう》そっちはパンチ用《よう》後《うし》ろが関節技用《かんせつわざよう》…用途別《ようとべつ》にすると長持《ながも》ちするのよ
やつあたりはやめないんだ…

30 ぼろぼろのタオル かわいそうで捨《す》てられない!?

気《き》に入《い》って使《つか》っていたタオル。ぼろぼろだけど、捨《す》てられない。

でも、だからといって、使《つか》っていない物《もの》をすべてとっておけないよね。

それに、物《もの》は、使《つか》わないまま置《お》いておくと、ほこりやカビがついてしまう。においを出《だ》すし、アレルギーなどの病《びょう》気《き》の原因《げんいん》にもなってしまう。

ケーキがくさってしまったら、捨《す》てるしかない。かわいそうだからとっておきたいという人《ひと》はいないよね。

物《もの》だって、同《おな》じなんだ。使《つか》わないまままとっておくと、くさってしまう。

物《もの》を大切《たいせつ》にすることは、大事《だいじ》なこと。だけど、ボロボロになるまで使《つか》って役《やく》目《め》を終《お》えてしまった物《もの》を使《つか》わずにとっておくのは、かえってかわいそう。

生《い》き物《もの》に命《いのち》があるように、物《もの》にも役《やく》目《め》がある。役目《やくめ》が終《お》わったら、「ありがとう」と、サヨナラしていいんだよ。

まくら

シミだらけで汚《きたな》いし…捨《す》てようかこのまくら
えっ!?
やだやだ!! オラこのまくらじゃなきゃ寝《ね》れない!!
絶対《ぜったい》捨《す》てないゾ!!
しょうがないわね〜
じゃ捨《す》てなくてもいいから新《あたら》しいの使《つか》いなさい
バッチイから
ガサガサ
え?
ポイッ
おお〜!! パリッとしてカッコイイ!!
そうね君《きみ》はそういうやつだったね…
バッ

捨《す》てない子《こ》

はし袋《ぶくろ》もらっていいよね?
いいけど汚《よご》れてない?
いいの
ペタ
このナプキンもらうね
クリームついてるよ
いいの
このコレクションお金《かね》かかんなくていいや♪
ペタ
カビはえるわよ?

31

どうしても捨《す》てられない物《もの》の箱《はこ》

どうしても捨《す》てられない！　それなら、今《いま》、むりに捨《す》てる必要《ひつよう》はないよ。だいじょうぶ、時間《じかん》が解決《かいけつ》してくれる。

捨《す》てられない物《もの》は、みかん箱《ばこ》などの段《だん》ボール箱《ばこ》に「どうしても捨《す》てられない物《もの》」として、しまっておこう。

箱《はこ》は、押入《おしい》れの上《うえ》のほうなど、ふだん見《み》えない場所《ばしょ》に置《お》いておく。そして、半年《はんとし》くらいたったら、中身《なかみ》を取《と》り出《だ》して見直《みなお》してみよう。

捨《す》てられないと思《おも》ったけど、「もう捨《す》てよう」「やっぱり今《いま》も大事《だいじ》」。そんなふうに冷静《れいせい》に判断《はんだん》ができるようになる。

必《かなら》ず3カ月《げつ》、半年後《はんとしご》くらいに箱《はこ》を開《あ》けて、中身《なかみ》を確認《かくにん》しよう。そのときに、またその時点《じてん》での「どうしても捨《す》てられない物《もの》」なのかを考《かんが》えてみよう。

この方法《ほうほう》を使《つか》って、自分《じぶん》にとって必《ひつ》要《よう》な物《もの》と必要《ひつよう》でない物《もの》を、時間《じかん》をかけて判断《はんだん》しよう。

使《つか》わない物《もの》とのさよならのしかた

32

不要《ふよう》な物《もの》はリサイクルしてみよう

自分《じぶん》がもう使《つか》わなくても、壊《こわ》れていないならリサイクルできることもある。

おもちゃや本《ほん》など、自分《じぶん》が成長《せいちょう》していらなくなったものは、小《ちい》さな親戚《しんせき》や友《とも》だちにゆずってもいいよね。

ただし、その人《ひと》が本当《ほんとう》にほしいか、きちんと確認《かくにん》してからにしよう。

本《ほん》やまんが、ゲームなどできれいな物《もの》は、古本屋《ふるほんや》さんで引《ひ》き取《と》っているところもある。リサイクルできるかどうかは、家《いえ》の人《ひと》と相談《そうだん》してみよう。

リサイクルは、物《もの》を大事《だいじ》にしているようで、捨《す》てるよりは気《き》がラクに思《おも》える。でも、物《もの》は、きみのところで役《やく》に立《た》つためにやってきたもの。本当《ほんとう》はきみが最後《さいご》まで使《つか》い切《き》るのが基本《きほん》、ということは、忘《わす》れないようにしよう。

最初《さいしょ》からリサイクルするつもりで物《もの》を買《か》うのもよくないよ。そういうときはレンタルを利用《りよう》しよう。

お互《たが》いうれしい

バザー

33

ゴミの「分別《ぶんべつ》」のことを知《し》ろう

ゴミは処分《しょぶん》の仕方《しかた》によって分《わ》ける必《ひつ》要《よう》がある。これを「分別《ぶんべつ》」と言《い》うよ。

紙類《かみるい》や台所《だいどころ》で出《で》る生《なま》ゴミなどの「燃《も》えるゴミ」、使《つか》い終《お》わったペンや、壊《こわ》れたかさなどの「燃《も》えないゴミ」。

使《つか》い終《お》わった電池《でんち》など、処分《しょぶん》するときに注意《ちゅうい》が必要《ひつよう》な「危険物《きけんぶつ》」のゴミ。

再生《さいせい》できるゴミもある。

読《よ》まなくなった本《ほん》や雑誌《ざっし》などは、「古紙《こし》」として、段《だん》ボールや新聞《しんぶん》などといっしょに収集《しゅうしゅう》する。再生紙《さいせいし》にするためだよ。ビンやカン、ペットボトルなども再生《さいせい》されるゴミ。

分別《ぶんべつ》のきまりは、地域《ちいき》ごとにも違《ちが》いがある。ゴミについて調《しら》べることは、夏休《なつやす》みの自由研究《じゆうけんきゅう》にもおすすめだよ。

ゴミを出《だ》すときには、ゴミを出《だ》せることと、きみのゴミを受《う》け取《と》ってゴミを処分《しょぶん》してくれる方《かた》たちに、感謝《かんしゃ》の気《き》持《も》ちを持《も》つこと。これを忘《わす》れずにね。

慣《な》れればラク

分別《ぶんべつ》しよう

34

買《か》う前《まえ》に、ちょっと待《ま》って！ それ、ほんとに必要《ひつよう》？

友《とも》だちがすてきな物《もの》を持《も》っていると、自分《じぶん》もほしくなってしまうもの。でもちょっと待《ま》って。それ、ほんとうに必《ひつ》要《よう》かな。

コンパス、去年買《きょねんか》ったけど、どこにあるのかよくわからない、買《か》いに行《い》かなくちゃ。でももし、机《つくえ》の奥《おく》に去年買《きょねんか》ったコンパスが入《はい》っていたら？　引《ひ》き出《だ》しがまたきゅうくつになってしまう。

本当《ほんとう》に必要《ひつよう》じゃない物《もの》を買《か》ってしまうと、お金《かね》がもったいないだけじゃない、片《かた》づけるのがたいへんになるんだ！　買《か》うときは、ほんとに必要《ひつよう》か、よーく考《かんが》えよう。

買《か》うのは、**「それをどこにしまうのか？」**を考《かんが》えてからにしよう。物《もの》をふやさずにいると、片《かた》づけがしやすくてラク。それは、**〝絶対《ぜったい》に必要《ひつよう》になるまで買《か》わない〟**ことが、けっこう大事《だいじ》なんだよ。

似《に》たもの夫婦《ふうふ》

もっと早《はや》く探《さが》せば

ふでばこは長《なが》く、大事《だいじ》に使《つか》おう

買《か》った物《もの》に、すぐ飽《あ》きてしまう人《ひと》はいない？　とくに、ふでばこ。

ふでばこは、一度《いちど》買《か》ってもらったら、それをずっと使《つか》おう。飽《あ》きても、他《ほか》のふでばこがほしくなっても、**買《か》うのはがまんして長《なが》く使《つか》ってみよう。**

汚《よご》れてしまった部分《ぶぶん》には、少《すこ》しだけ洗剤《せんざい》をつけた布《ぬの》でこすってみよう。気《き》に入《い》らなくなった絵《え》があるなら、その上《うえ》からシールを貼《は》ってみよう。

手入《てい》れして使《つか》っているうちに、長《なが》く使《つか》っていることに気《き》づく。そして愛着《あいちゃく》がわいてくる。

高価《こうか》な物《もの》だから飽《あ》きずに使《つか》えるというわけではないんだ。**大切《たいせつ》にして毎日《まいにち》使《つか》っているからこそ、ますます大事《だいじ》になる。**ずっと長《なが》くいっしょにいる、きみと物《もの》との関係《かんけい》に価値《かち》があるんだよ。

毎日使《まいにちつか》うきみの道具《どうぐ》は、大切《たいせつ》な相棒《あいぼう》。手入《てい》れをして大事《だいじ》にしよう。

えんぴつしんちゃん⑧ ～もしもしんのすけが小学生《しょうがくせい》だったら～

36

グローブやトレーニングシューズの手入《てい》れをしよう

スポーツや音楽《おんがく》など、習《なら》い事《ごと》をしているなら、道具《どうぐ》の片《かた》づけ、手入《てい》れも自《じ》分《ぶん》でしっかりやろう。

道具《どうぐ》はスポーツバッグに入《い》れっぱなしにしないで、きちんと出《だ》して風《かぜ》にあてよう。クリーナーで汚《よご》れを取《と》り、ボールには空気《くうき》を入《い》れておこう。ピアノはやわらかい布《ぬの》で、ほこりだつかないようにきれいにふこう。

野球《やきゅう》のイチロー選手《せんしゅ》が、小学生《しょうがくせい》から、「どうしたら野球《やきゅう》がうまくなりますか？」と聞《き》かれて、「バットやグローブなどの道具《どうぐ》を大事《だいじ》にすること」と答《こた》えた話《はなし》は有名《ゆうめい》だよ。

道具《どうぐ》の管理《かんり》はたいへんだけど、「次《つぎ》の試合《しあい》でヒットを打《う》てるといいな」と願《ねが》いをかけながら、ていねいに片《かた》づけよう。きっといいことがあるはず！

道具《どうぐ》を大事《だいじ》に使《つか》い、手入《てい》れの仕方《しかた》を覚《おぼ》えることも、練習《れんしゅう》のひとつだよ。

手《て》入《い》れは大切《たいせつ》①

手《て》入《い》れは大切《たいせつ》②

自分《じぶん》で物《もの》を修理《しゅうり》してみよう

リモコンの電池《でんち》が切《き》れてしまった。

おもちゃの一部分《いちぶぶん》がとれてしまった。

シャツのボタンがとれちゃった。

いつも使《つか》っている物《もの》が使《つか》えなくなったときは、知《し》らんぷり、見《み》ないふりはしないこと。まず家《いえ》の人《ひと》に伝《つた》えよう。

そして、**家《いえ》の人《ひと》が修理《しゅうり》するところを見《み》ておこう**。そのやり方《かた》を覚《おぼ》えて、次《つぎ》からは、**自分《じぶん》でできることは自分《じぶん》でやってみよう**。


リモコンには新《あたら》しい電池《でんち》をセットしてみよう。壊《こわ》れたおもちゃはボンドで修理《しゅうり》してみよう。ボタンのつけ方《かた》を家庭科《ていかか》で習《なら》ったら、自分《じぶん》でつけてみよう。

不便《ふべん》になったところを自分《じぶん》で直《なお》すことができたら、「やった！」と大《おお》きな達成感《たっせいかん》が持《も》てる。直《なお》した物《もの》への愛着《あいちゃく》がわいてきて、使《つか》うたびにうれしくなる。

修理《しゅうり》っておもしろいよ。自分《じぶん》の好《す》きなジャンルで挑戦《ちょうせん》してみよう！

ボタンつけ

しんちゃん ボタン取《と》れかかってる
ほんとだ
縫《ぬ》ってあげるからぬいで
おーっ!!
下《した》はいいから
ボーちゃん うまーい
弟子《でし》にして!
弟子《でし》はとらない主義《しゅぎ》
↖つづく
↙つづき
「ボタンつけ教《おし》えて」? へぇ〜いい心《こころ》がけね
オラ男《おとこ》をみがくゾ!!
そうそういい調子《ちょうし》!
チク チク チク…
へぇ〜ボタンつけができるようになったのか
まかせろ
今度《こんど》頼《たの》むぜ
次《つぎ》の朝《あさ》
コラー!! こんなの頼《たの》んでねーぞ!!
はずかしい!!

38 今《いま》、ある物《もの》で工夫《くふう》しよう

ほしいからと言《い》ってすぐに買《か》っていると、あっという間《ま》に物《もの》があふれて片《かた》づけられなくなるし、おこづかいも足《た》りなくなってしまう。

必要《ひつよう》に思《おも》える物《もの》も、工夫《くふう》すれば、あるものですませられることがほとんどだったりする。

ケースがほしいと思《おも》ったら、家《いえ》にある段《だん》ボールで手作《てづく》りしてみよう。

友《とも》だちが来《く》るときのおやつだって、わざわざ買《か》わなくても、家《いえ》にあるパンにジャムをはさむなど工夫《くふう》してもいい。

最新《さいしん》のゲームはないけど、ビニール袋《ぶくろ》をふくらませた風船《ふうせん》でバレーボール。

カラになった台所用洗剤《だいどころようせんざい》の入《い》れ物《もの》で、水鉄砲対決《みずでっぽうたいけつ》！

図書館《としょかん》で借《か》りられるまんがやDVD《ディーブイディー》もあるって知《し》ってるよね？

お金《かね》を使《つか》わずに、もっともっと工夫《くふう》して楽《たの》しんでみよう。

水鉄砲対決《みずでっぽうたいけつ》

←つづく

二丁《にちょう》ふろ用洗剤《ようせんざい》
中身《なかみ》は水《みず》だゾ
くるっ
スタンッ
何《なに》ぃっ!?
よくもやったな!?
やり返《かえ》したれ!!
さ
さ
さ
さ
さ
さ
ピュッ
ピュッ
ピュッ
くそっすばしこいヤツめ!!
わー!!
ビュッ
ビュッ
ヤダ～!! おもらしみた～い
ちがう!! ちがう!!
わーん
ボスに言《い》いつけてやる～!!
たっしゃでねー
しんちゃんありがとう!!
ふろ用洗剤《ようせんざい》だけどカッコよかったよ!
いがいとよく飛《と》ぶんだよねコレ
ビュッ
ビュッ
どいつだ?
真《ま》ん中《なか》のやつです! ボス
また来《き》た!

くらえっ!!
ビシャッ
わっ
ざまーみろ!!
アハハハハハ…
いきなりなんてずるいよ
あ～～
つめたくてきもちいい～～♡
ビュッ
おわ
ビュッ
ビュッ
ぎゃっ
わっ
わっ
わぁボクまでぬれちゃったよ～
ビュッ
オラのこともっと撃《う》って
ズブぬれにして～!!!
ワハハハ…!!もうヤケクソだー
ワハハハ
くらえーっ
ビチャ
ビチャ
ワハハハハ…
コノヤロコノヤロ
ビチャ
ビチャ
バカねぇ男《おとこ》って……

39 今《いま》のスペースで最高《さいこう》の部屋《へや》にしよう

「家《いえ》はせまいし、自分《じぶん》の部屋《へや》もないんだもん」と、あきらめている人《ひと》はいないかな。

自分《じぶん》の部屋《へや》がなくても、自分《じぶん》の頭《あたま》の中《なか》に理想《りそう》の部屋《へや》を自由《じゆう》にえがいてみよう。そして、今《いま》ある自分《じぶん》のスペースを、最高《さいこう》の場所《ばしょ》にしてみよう。

段《だん》ボールを組《く》み立《た》ててたなを作《つく》り、自分《じぶん》のコーナーを作《つく》ってみよう。きょうだい同《おな》じ部屋《へや》だったら、机《つくえ》の配置《はいち》を変《か》えてみよう。コックピット（飛行機《ひこうき》の操縦席《そうじゅうせき》）のように、せまくても居心地《いごこち》よくなるように工夫《くふう》してみよう。

スペースだって、お金《かね》だって、限《かぎ》りがある。でも、限《かぎ》られた中《なか》で、自分《じぶん》が変《か》えられることだけに、気持《きも》ちを集中《しゅうちゅう》させてみることが大事《だいじ》。

せまくても、自分《じぶん》なりに工夫《くふう》して暮《く》らしていると、そこがどこよりも落《お》ち着《つ》く、お気《き》に入《い》りの場所《ばしょ》になるよ。

自分《じぶん》の部屋《へや》

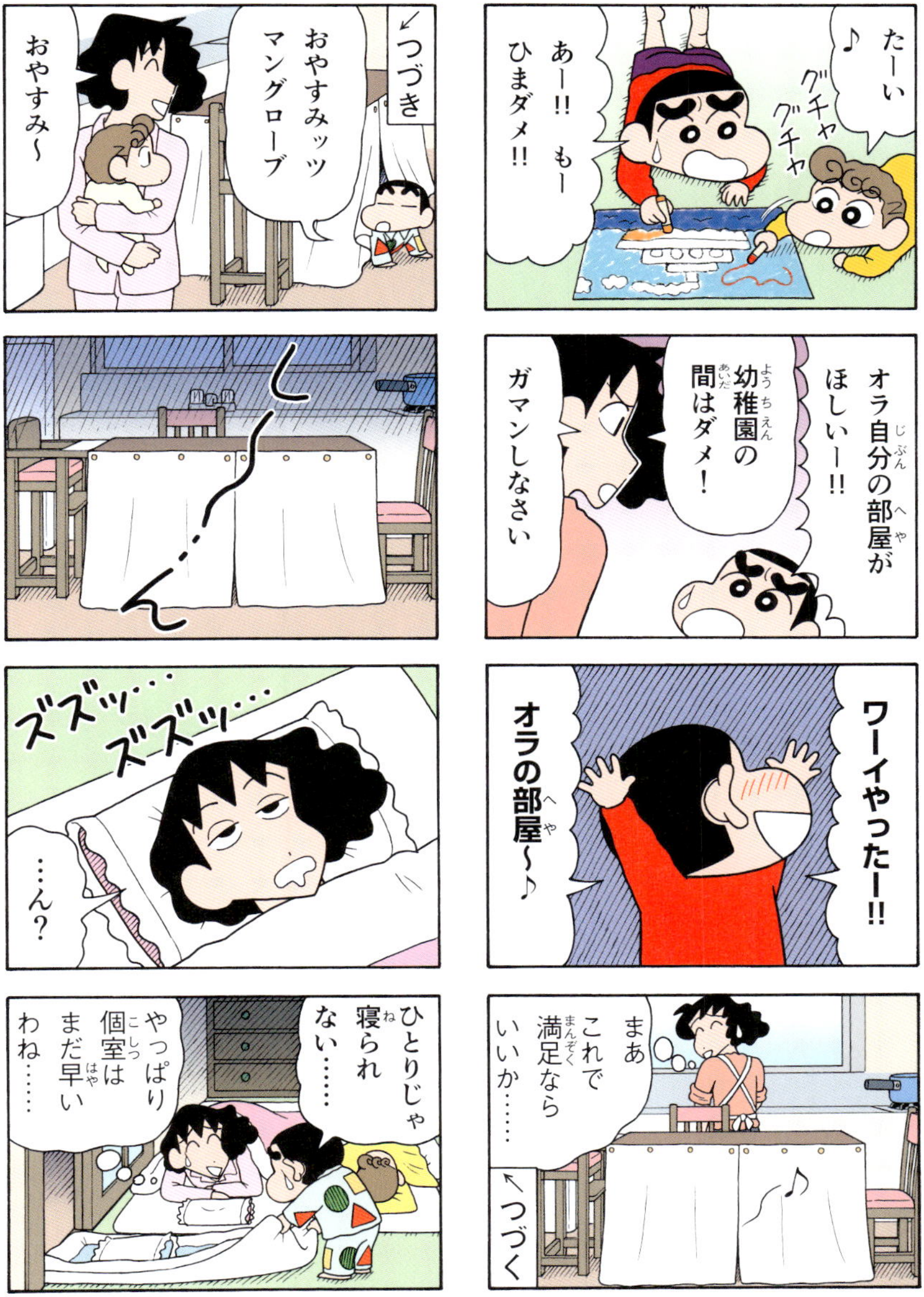
たーい♪
グチャグチャ
あー!! もー ひまダメ!!
オラ自分《じぶん》の部屋《へや》がほしいーー!!
幼稚園《ようちえん》の間《あいだ》はダメ！
ガマンしなさい
ワーイやったー!!
オラの部屋《へや》～♪
まあ これで 満足《まんぞく》なら いいか……
↑つづく
↓つづき
おやすみッツ マングローブ
おやすみ～
し～～～……ん
ズズッ…ズズッ…
……ん？
ひとりじゃ 寝《ね》られ ない……
やっぱり 個室《こしつ》は まだ早《はや》い わね……

40 くつをそろえると いいことあるゾ

「ただいまー」と帰《かえ》って来《き》たとき。

急《いそ》いでいるけど、ちょっと待《ま》って！

振《ふ》り向《む》いて、手《て》でくつをそろえよう。

ほんの3秒《びょう》のことだよ。

友《とも》だちの家《いえ》に遊《あそ》びに行《い》ったときも、くつをそろえてから玄関《げんかん》をはなれることができると、「きちんとしたお友《とも》だちね」と、歓迎《かんげい》してもらえるよ。

後《うし》ろ向《む》きになってくつをぬぐのは、迎《むか》えてくれるおうちの人《ひと》におしりを向《む》けることになってしまうから、本当《ほんとう》はマナー違反《いはん》。

自分《じぶん》の家《いえ》やトイレでなら、後《うし》ろ向《む》きでぬいでそろえてもいいよ。

はき物《もの》をそろえておけば、後《あと》から見《み》て気持《きも》ちがいいし、出《で》かけるときもさっとはける。トイレのスリッパをそろえるのは他《ほか》の人《ひと》への思《おも》いやり。

くつをそろえることは、片《かた》づけマスターへの第一歩《だいいっぽ》だよ。

急《いそ》いでいるとき

まじめな子《こ》

「ごちそうさま」の後《あと》は食器《しょっき》を下《さ》げよう

ごはんのあと、「ごちそうさま」をしたら、自分《じぶん》の食《た》べ終《お》わった後《あと》の食器《しょっき》は下《さ》げているかな？　食器《しょっき》を下《さ》げるのは、**ごはんを作《つく》ってくれた人《ひと》への感謝《かんしゃ》の気持《きも》ちを示《しめ》す行為《こうい》**。必《かなら》ずやろう。

そして、できたら食器洗《しょっきあら》いの手伝《てつだ》いをしよう。食事《しょくじ》が終《お》わってから、家族《かぞく》分《ぶん》の食器《しょっき》を洗《あら》うのは、たいへんな仕事《しごと》。**少《すこ》しでも手伝《てつだ》うようにしよう。**

食器《しょっき》は汚《よご》れの少《すく》ない物《もの》から洗《あら》う。すすぎはまとめてやる。洗《あら》ったらふいて食器《しょっき》だなにしまう。食卓《しょくたく》はかたくしぼったふきんでふく。食器洗《しょっきあら》いが終《お》わったら、流《なが》しもきれいにふいておく。

おなかいっぱいでリラックスしたい時間《じかん》。でも、がんばって片《かた》づけると、とても気持《きも》ちがいい！

食器洗《しょっきあら》いは、とくにおすすめのお手《て》伝《つだ》い。**片《かた》づけやそうじの基本《きほん》がバッチリ学《まな》べるよ。**

地道《じみち》にやろう

頭《あたま》いい？

脱《ぬ》いだ服《ふく》をたためることはカッコイイ！

体育《たいいく》の着替《きが》えのとき、脱《ぬ》いだ服《ふく》はきちんとたたんでいる？

まるめて体操着《たいそうぎ》の袋《ふくろ》に入《い》れるのはやめて、ていねいに机《つくえ》に服《ふく》を広《ひろ》げて折《お》りたたんでみよう。

コツは、あせらないこと。

ゆっくり何度《なんど》もやっているうちに、いつの間《ま》にか、さっとたためるようになるよ。

きちんとたたんだ服《ふく》は、体操着袋《たいそうぎぶくろ》にしまっておいても、くしゃくしゃにならない。着《き》たときにカッコイイよ。

ハンカチやタオルも、くしゃくしゃだと汚《きたな》く見《み》える。丸《まる》めないで、きちんとたたんでおこう。

衣類《いるい》がきちんとたたんであると、しわにならないだけでなく、清潔《せいけつ》に見《み》えて、他《ほか》の人《ひと》からも信頼《しんらい》される。たためることって、カッコイイことなんだ。

がんばって、たたんでみよう。

気持《きも》ちだけもらうね

かっこ悪《わる》いよ

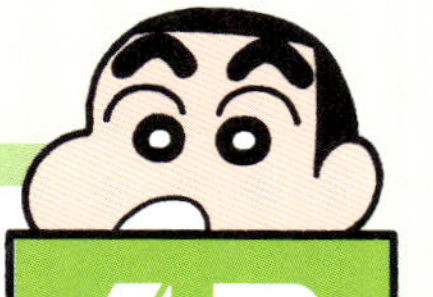

43 持《も》ち物《もの》のチェック表《ひょう》を作《つく》ってみよう

忘《わす》れ物《もの》が多《おお》くて学校《がっこう》で怒《おこ》られてばかりいる人《ひと》は、まず、机《つくえ》まわりを片《かた》づけよう。そして、チェック表《ひょう》を書《か》いて貼《は》っておこう。

ハンカチ・ティッシュ・名《な》ふだ・ぼうし・宿題《しゅくだい》・音読《おんどく》カード・体操着《たいそうぎ》、紅《こう》白《はく》ぼうし・うわばき・給食袋《きゅうしょくぶくろ》……。

持《も》ち物《もの》の表《ひょう》をよく見《み》えるところに貼《は》って、朝《あさ》のしたくをしながら声《こえ》に出《だ》してチェックしよう。

持《も》って行《い》く物《もの》は、前日《ぜんじつ》の「さようなら」のあいさつの前《まえ》に、先生《せんせい》から話《はなし》があったはず。宿題《しゅくだい》や習字道具《しゅうじどうぐ》など忘《わす》れてはいけないものは、必《かなら》ず連絡帳《れんらくちょう》などにメモしておくようにしよう。

忘《わす》れ物《もの》をしやすい人《ひと》は、何《なに》を持《も》って行《い》かなければならないか、あいまいにしていることが多《おお》いんだ。メモする作《さ》業《ぎょう》をきちんとすることから始《はじ》めよう。忘《わす》れ物《もの》は減《へ》ってくるよ。

えんぴつしんちゃん⑨ ～もしもしんのすけが小学生《しょうがくせい》だったら～

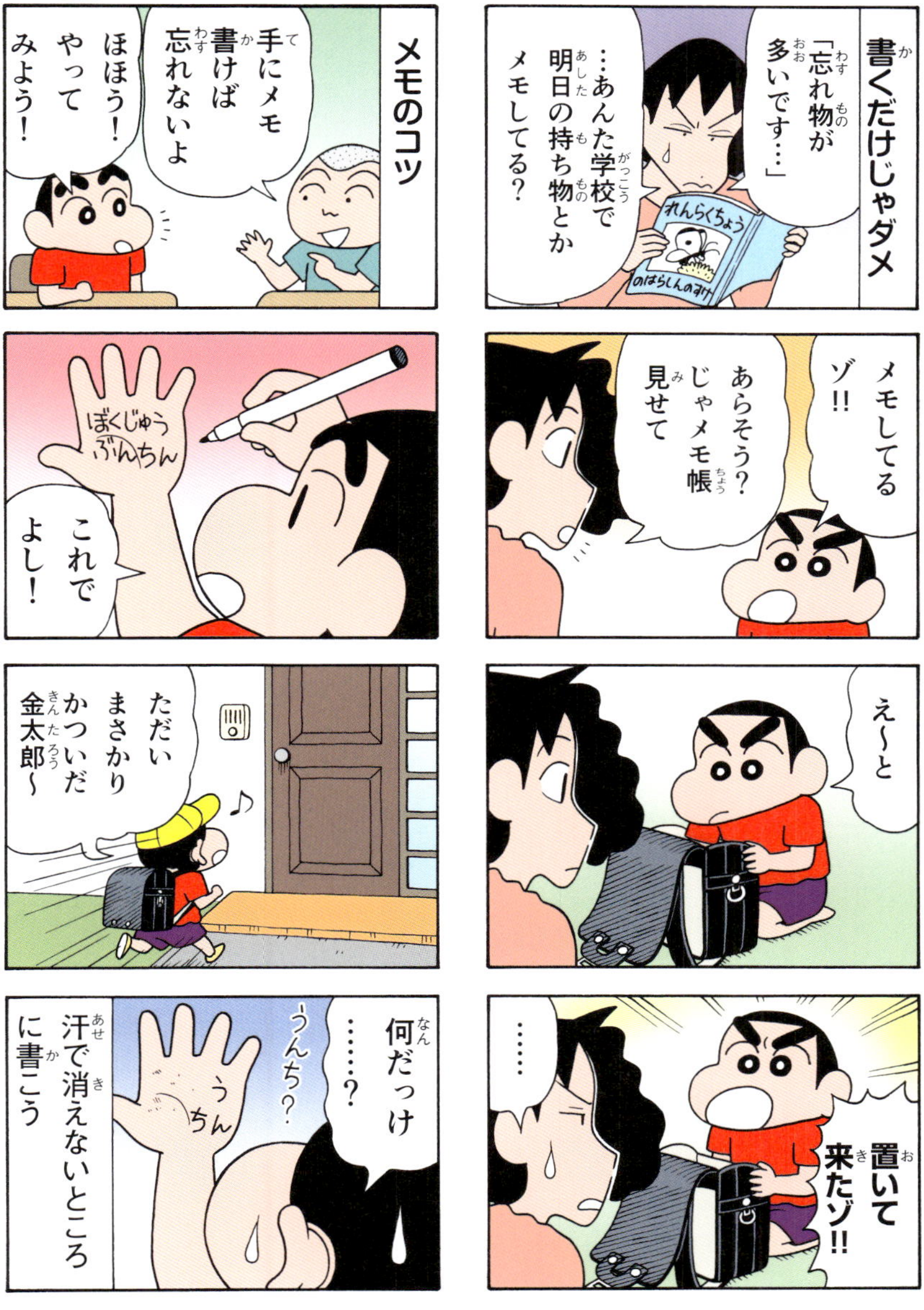

遠足《えんそく》や合宿《がっしゅく》の「したくの達人《たつじん》」になろう！

遠足《えんそく》や合宿《がっしゅく》に行《い》くとき、**自分《じぶん》の荷物《にもつ》は自分《じぶん》で準備《じゅんび》しよう**。自分《じぶん》で使《つか》う荷物《にもつ》だから、自分《じぶん》で作《つく》らなければ、いざ使《つか》おうとするときに困《こま》ってしまうよ。

持《も》ち物《もの》の表《ひょう》を見《み》て、**えんぴつで印《しるし》をつけながら**やっていこう。

コツは、透明《とうめい》のビニール袋《ぶくろ》を用意《ようい》して、小分《こわ》けして入《い》れること。着《き》がえ用《よう》の下着《したぎ》、練習着《れんしゅうぎ》、おふろセット、予備《よび》の薬《くすり》、おやつなど。

つい、スーパーの袋《ふくろ》に入《い》れてしまうけれど、白《しろ》い袋《ふくろ》だと中身《なかみ》が見《み》えないからけっこう不便《ふべん》なんだ。開《あ》けなくても中身《なかみ》がはっきり見《み》えるビニール袋《ぶくろ》にしよう。汚《よご》れた洗濯物《せんたくもの》は、スーパーの袋《ふくろ》などでもいいよ。

合宿《がっしゅく》や旅行《りょこう》のしたくを自分《じぶん》でやると、**必要《ひつよう》な物《もの》は何《なに》かを一生懸命考《いっしょうけんめいかんが》える**ことになる。

これも片《かた》づけの練習《れんしゅう》になるんだ。

便利《べんり》だけど

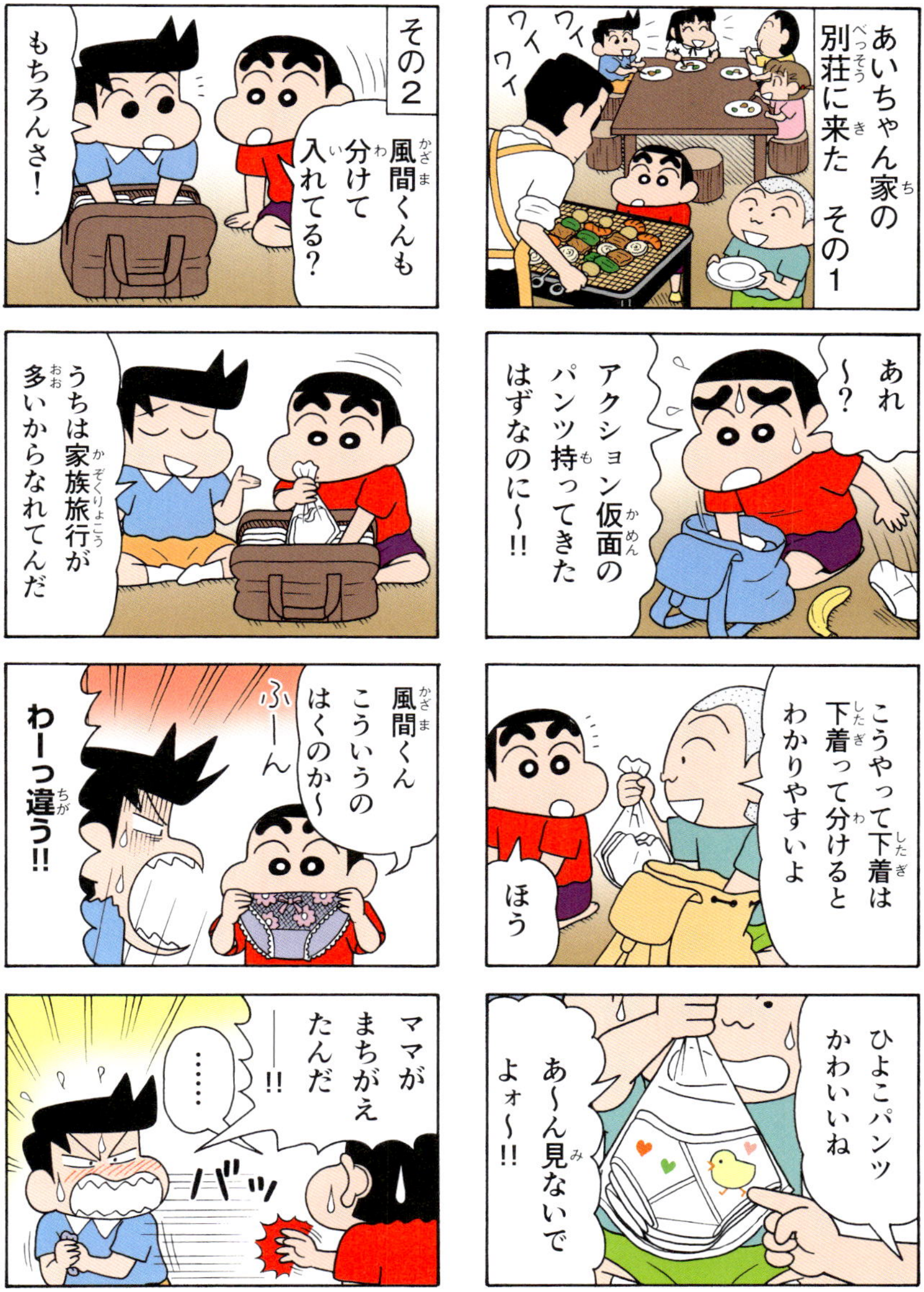
あいちゃん家《ち》の別荘《べっそう》に来《き》た その1
ワイワイワイワイ
あれ〜？
アクション仮面《かめん》のパンツ持《も》ってきたはずなのに〜!!
こうやって下着《したぎ》は下着《したぎ》って分《わ》けるとわかりやすいよ
ほう
ひよこパンツかわいいね
あ〜ん見《み》ないでよォ〜!!
その2
風間《かざま》くんも分《わ》けて入《い》れてる？
もちろんさ！
うちは家族旅行《かぞくりょこう》が多《おお》いからなれてんだ
風間《かざま》くんこういうのはくのか〜
ふーん
わーっ違《ちが》う!!
ママがまちがえたんだ——!!
……
バッ

45 ピカピカに磨《みが》いてみよう

なんとなくつまんない、元気《げんき》がない、ショックなことがあって気持《きも》ちが落《お》ち込《こ》んでいる。そんなときは、片《かた》づけをして、見慣《みな》れた景色《けしき》を変《か》えてみよう。模様替《もようが》えしよう。磨《みが》いてみよう。

部屋《へや》の雰囲気《ふんいき》が変《か》わったり、汚《よご》れていたところが白《しろ》くなるだけで、気持《きも》ちが明《あか》るくなることがあるんだ。

机《つくえ》の落書《らくが》きや汚《よご》れをクリーナーでふきとる。きれいになるまで力《ちから》を入《い》れて磨《みが》いてみる。机《つくえ》がピカピカになって、気分《きぶん》がよくなるよ。

机《つくえ》の向《む》きを変《か》えてみよう。古《ふる》くなったポスターをはがしてみよう。本《ほん》を並《なら》べ直《なお》してみよう。

目新《めあたら》しくなった部屋《へや》はとっても気持《きも》ちがいいよね。

ほんの少《すこ》しの片《かた》づけで、不思議《ふしぎ》に元《げん》気《き》が出《で》てきたりするよ。落《お》ち込《こ》んでいないで、やってみよう!

障子《しょうじ》を張《は》りかえるゾ

←つづく

わあっ!!
ダ…ダメ!!
ぱっ
ズボッ
隠《かく》そうとするから
もっと広《ひろ》がるのよ!!
ごめんくさい
……
あっ
キャピッ♪
ズブッ
その夜《よる》
いい機会《きかい》だから明日《あした》
張《は》りかえるよ!
もう古《ふる》いしな…
ホント!?
よかったー
次《つぎ》の日《ひ》
しんのすけ ひまわり
障子破《しょうじやぶ》いていいぞー
マジで!?
たいて!?
キャッ♪
キャッ♪
ズボ
ズボ
ズボ
あー
楽《たの》しかった
しんのすけ! まだ
終《お》わってないぞ!

がんばってキレイにはがすんだ
もっとはがしやすく破《やぶ》ればよかった…
ペタ
ペタ
くるくる…
どうだ!!
おー!!白《しろ》ーい!!新築《しんちく》みたい
ピカー
オラのおかげだな!
調子《ちょうし》にのんないの!
ん?
ちゅ〜
あ!
べろ…
ワンポイントもいいもんだぜ

46

紙《かみ》に書《か》き出《だ》してみて、心《こころ》のお片《かた》づけ

悩《なや》みがあったり、どうしたらいいかわからなかったりするときは、紙《かみ》とえんぴつを用意《ようい》して、自分《じぶん》の気持《きも》ちを紙《かみ》に全部《ぜんぶ》書《か》き出《だ》してみよう。

書《か》いていくうちに、自分《じぶん》が何《なん》でイライラしているのかよくわかってくる。引《ひ》き出《だ》しの中《なか》の物《もの》を全部出《ぜんぶだ》してみるように、きみの頭《あたま》の中《なか》のごちゃごちゃも、言葉《ことば》にして書《か》き出《だ》してみよう。すると、考《かんが》える必要《ひつよう》のないことを考《かんが》えている自分《じぶん》に気《き》づくことができる。いらない気持《きも》ちを捨《す》てて、やるべきことがわかってくるんだ。

これは、心《こころ》のお片《かた》づけ。

夏休《なつやす》みの宿題《しゅくだい》がいっぱい残《のこ》っているときにも、紙《かみ》に、やることを全部書《ぜんぶか》き出《だ》そう。終《お》わった物《もの》から線《せん》を引《ひ》いて消《け》していけば、だいじょうぶ。

紙《かみ》に書《か》いて、自分《じぶん》の頭《あたま》のごちゃごちゃを片《かた》づけよう。

描《か》いて心《こころ》のお片《かた》づけ

47

片《かた》づけに点数《てんすう》はない 人《ひと》と比《くら》べないこと

片《かた》づけがうまくできないからといって、落《お》ち込《こ》むことなんかない。

片《かた》づけ能力《のうりょく》には点数《てんすう》なんてないんだ。だって、**人《ひと》によってどんな空間《くうかん》が居心《いごこ》地《ち》いいかは違《ちが》う**から。

何《なに》もない空間《くうかん》が好《す》きな人《ひと》がいれば、にぎやかでたくさん物《もの》が飾《かざ》ってある空《くう》間《かん》が心地《ここち》よいと思《おも》う人《ひと》もいる。

物《もの》を戸《と》だなにしまいこんでスッキリした部屋《へや》にしておきたい人《ひと》がいれば、使《つか》う物《もの》は手《て》の届《とど》くところに出《だ》しておきたい人《ひと》もいる。片《かた》づけが得意《とくい》な人《ひと》がいれば、苦手《にがて》な人《ひと》もいる。

だから、**片《かた》づけは、人《ひと》と比《くら》べない。**

もちろん、片《かた》づけが得意《とくい》な友《とも》だちがいたら、そのコツをまねしてみることはいいことだよ。

片《かた》づけは、いつだって自分《じぶん》が基準《きじゅん》。**自分《じぶん》が使《つか》いやすい方法《ほうほう》で、自分《じぶん》なりに片《かた》づけられたら、それでいいんだ。**

人《ひと》には人《ひと》のお片《かた》づけ

48 遊《あそ》ぶときはいっぱい広《ひろ》げて遊《あそ》ぼう

おもちゃを広《ひろ》げて遊《あそ》ぶときは、床《ゆか》に、思《おも》いっきり広《ひろ》げて遊《あそ》ぼう。工作《こうさく》をするときは、作業台《さぎょうだい》に材料《ざいりょう》をいっぱい広《ひろ》げて見《み》わたして、のびのびと作《つく》ろう。

物《もの》をたくさん広《ひろ》げると、「あっ、あれとこれを、こうしてみよう」と、きみの頭《あたま》にいろんなアイデアがひらめく。

ある物《もの》を全部《ぜんぶ》出《だ》して広《ひろ》げてみることで、全体《ぜんたい》を一度《いちど》に視野《しや》に入《い》れることができる。片《かた》づけのときにやったように、

すべてを一度《いちど》に目《め》に入《い》れると、自分《じぶん》にとって「使《つか》える！」ものが、はっきり判断《はんだん》できるんだ。

そんなふうに遊《あそ》んでいるとき、物《もの》を作《つく》っているとき、人《ひと》はとっても集中《しゅうちゅう》している。思《おも》いっきり集中《しゅうちゅう》して満足《まんぞく》したら、そのときに片《かた》づけよう。

遊《あそ》ぶ前《まえ》から片《かた》づけを考《かんが》えているのではつまらない。遊《あそ》ぶときは全部《ぜんぶ》広《ひろ》げて、思《おも》いっきりやろう。

大《おお》きな絵《え》

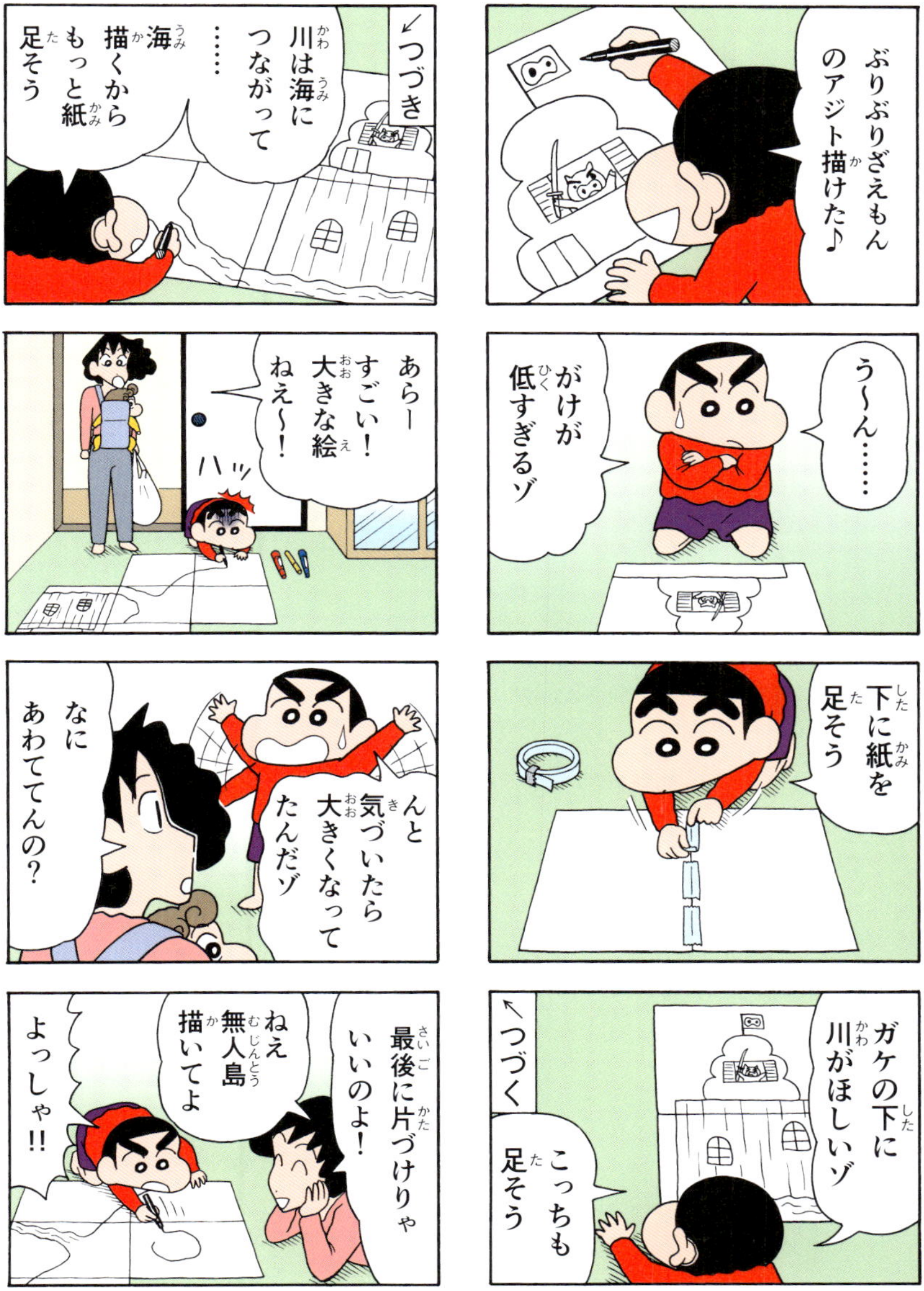

ぶりぶりざえもんのアジト描《か》けた♪
う〜ん……
がけが低《ひく》すぎるゾ
下《した》に紙《かみ》を足《た》そう
ガケの下《した》に川《かわ》がほしいゾ
こっちも足《た》そう
↖つづく
↙つづき
川《かわ》は海《うみ》につながって……
海《うみ》描《か》くからもっと紙《かみ》足《た》そう
あらーすごい！大《おお》きな絵《え》ねえ〜！
ハッ
なにあわててんの？
んと気《き》づいたら大《おお》きくなってたんだゾ
最後《さいご》に片《かた》づけりゃいいのよ！
ねえ無人島《むじんとう》描《か》いてよ
よっしゃ!!

誰《だれ》かのために片《かた》づけてみよう

自分《じぶん》で片《かた》づけをできるようになったら、次《つぎ》は、誰《だれ》かの片《かた》づけを手伝《てつだ》ってみよう。

テーブルに置《お》きっぱなしの誰《だれ》かのコップを片《かた》づけよう。みんなが使《つか》っている教室《きょうしつ》の道具《どうぐ》を片《かた》づけてみよう。

動物《どうぶつ》を飼《か》っている人《ひと》は、犬《いぬ》や猫《ねこ》、小《こ》鳥《とり》のすまいをそうじしてあげよう。

こうしたら、きっとみんなが「便利《べんり》になった」、「きれいになった」と喜《よろこ》んでくれるはず、と想像《そうぞう》しながらやろう。

自分《じぶん》の時間《じかん》を使《つか》って誰《だれ》かのために片《かた》づけるのはとてもたいへんなこと。だけど、誰《だれ》かのために自分《じぶん》が体《からだ》を動《うご》かして片《かた》づけるって、じつは気持《きも》ちいいことなんだ。

そして、喜《よろこ》んでもらえたときのうれしさは、自分《じぶん》だけのための片《かた》づけより何倍《なんばい》も大《おお》きいよ。誰《だれ》かのための「お片《かた》づけ」、やってみよう。

失敗《しっぱい》は成功《せいこう》のもと

シロのため

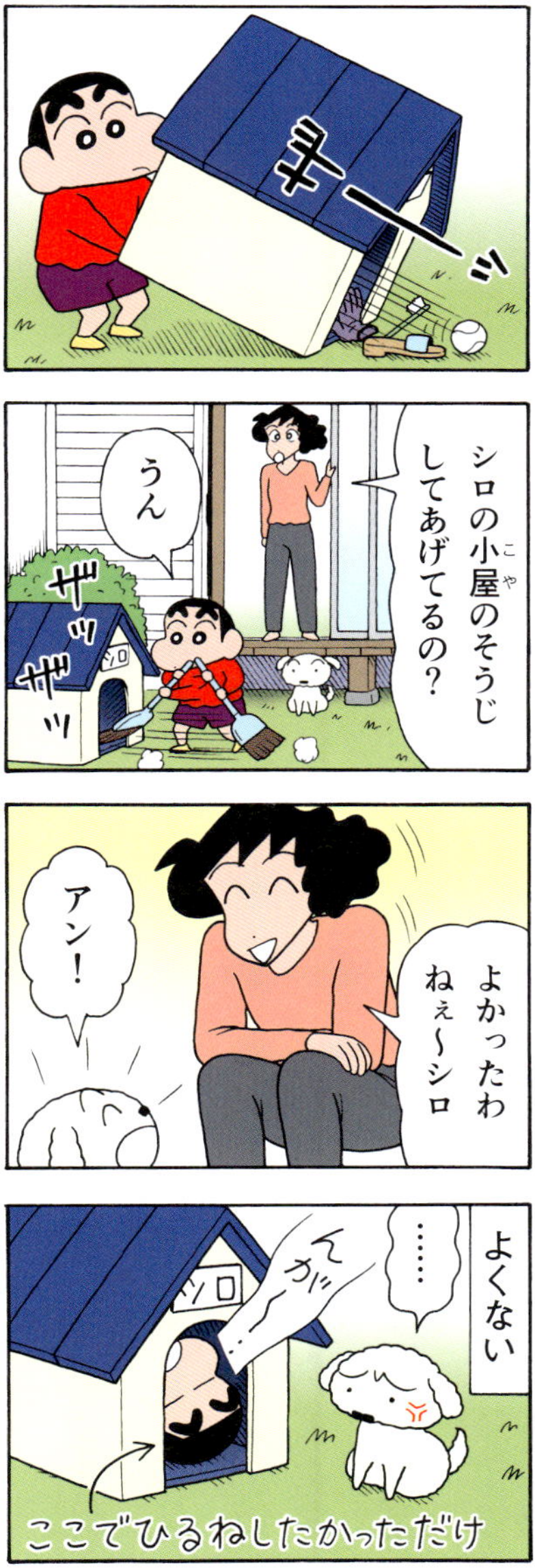

50 片《かた》づけで「やりきる力《ちから》」を身《み》につける

「片《かた》づけるぞ」と思《おも》ったら、どこまでやるのか、どのくらいきれいにするのか、**必《かなら》ず小《ちい》さな目標《もくひょう》を作《つく》って始《はじ》めよう。**今日《きょう》は引《ひ》き出《だ》しひとつ！　大好《だいす》きな友《とも》だちが来《く》る時間《じかん》まで！　自分《じぶん》で目標《もくひょう》を決《き》めてから始《はじ》めるといいよ。

そして、決《き》めたところだけを「よし！」と思《おも》えるまで片《かた》づける。どんな小《ちい》さなスペースでもいいから、**最後《さいご》までやりきることが大事《だいじ》。**

片《かた》づけは、ひとつ、やり遂《と》げれば「達成感《たっせいかん》」を持《も》てる。これが、「最後《さいご》までやりきる力《ちから》」になる。

「きれいになった！」「やった！」とやりきった自分《じぶん》をほめよう。そして、**「やりきったこと」を積《つ》み重《かさ》ねていこう。**

片《かた》づけでのこの体験《たいけん》は、積《つ》み重《かさ》ねていくと、大《おお》きな力《ちから》になる。片《かた》づけで身《み》につけた「やりきる力《ちから》」は、勉強《べんきょう》やスポーツにも役立《やくだ》っていくよ。

目標《もくひょう》を定《さだ》める

こり性《しょう》

キャラクター原作　臼井儀人《うすいよしと》

まんが　高田ミレイ
文　戸塚美奈
構成　有木舎
デザイン　丸島浩子（三晃印刷）
原田里美（三晃印刷）
編集　勝又眞由美（双葉社）

先生《せんせい》は教《おし》えてくれない！
クレヨンしんちゃんの自分《じぶん》でもできる お片《かた》づけ

2017年11月25日　第1刷発行

発行者――稲垣 潔
発行所――株式会社双葉社
〒162－8540　東京都新宿区東五軒町3-28
電話03(5261)4818〔営業〕
03(5261)4869〔編集〕
http://www.futabasha.co.jp/
（双葉社の書籍・コミック・ムックが買えます）
印刷所――三晃印刷株式会社
製本所――株式会社若林製本工場

ISBN978-4-575-31319-2 C8076